1848—1852

# LA RÉPUBLIQUE

ET

## LES PARTIS

Paris. — Imprimerie Schneider, 1, rue d'Erfurth.

# 1848-1852

# LA RÉPUBLIQUE

ET

# LES PARTIS

PAR

**PIERRE LEFRANC**

REPRÉSENTANT DU PEUPLE.

PARIS

CHEZ GARNIER FRÈRES, LIBRAIRES,

215, Palais-National. — 10, rue Richelieu.

1851

# AVANT-PROPOS.

---

La tribune est muette. L'Assemblée législative s'est donné une trêve forcée, la trêve du repos. Mais les passions politiques n'ont ni paix ni trêve. Déjà de toutes parts on semble se recueillir et se préparer comme pour une lutte suprême. Que sera cette lutte ?

Une mêlée en pleine nuit, je le crains ; une mêlée où le peuple, où Dieu lui-même aura peine à reconnaître les siens. Les cœurs fermes ne vacilleront pas, mais les meilleures têtes s'égareront. Il est des temps où, pour les âmes les mieux trempées, la route du devoir est moins difficile à suivre qu'à discerner.

Confiné, retenu par des devoirs de famille loin de Paris, loin du bruit, sur une des côtes les plus paisibles de notre France, je veux essayer de planter quelques jalons sur cette route de l'inconnu. Ce sont mes souvenirs que je recueillerai : et c'est en portant le flambeau sur le passé que je compte éclairer l'avenir.

La succession de la République n'est pas vacante, et cependant les héritiers affluent. On veut que le peuple soit appelé à se prononcer entre toutes les compétitions, soit; mais alors il faut éclairer son jugement. Si le peuple n'est pas encore parvenu à un degré d'instruction suffisant pour faire un choix raisonné entre les divers systèmes politiques et économiques qui sollicitent son suffrage, savez-vous comment il procédera ? Le but éloigné lui échappant, il s'en prendra aux moyens. Faute d'études, il ne consultera que son instinct, souvent plus infaillible que les calculs des hommes d'Etat. Oui, je crois que le peuple finira par nous juger tous, hommes et choses, à la moralité des moyens. Et voilà pourquoi, tout en esquissant l'histoire du peuple depuis la Révolution de février, je mettrai en regard l'histoire des partis.

Ai-je besoin de dire qu'il n'entrera dans ma critique ni rancune, ni colère, ni fiel? A qui crierais-je? Aux hommes? Pauvre et misérable guerre quand on a des partis à combattre! Les hommes d'ailleurs, pour la plupart, valent mieux que leurs opinions. Prenez-moi cent honnêtes gens, faites-en un parti; vous ne les reconnaîtrez plus : ils n'auront mis en commun que leurs mauvaises passions. C'est pour cela que je n'ai jamais aimé les partis; c'est pour cela aussi que je ne les ménagerai pas.

A ceux qui ont suivi de près les événements, et qui se souviennent, je n'ai rien à apprendre. Chez ceux qui ont oublié (on oublie si vite)! je ne puis que réveiller d'utiles souvenirs. Mais j'écris de préférence pour ceux de mes concitoyens qui, tenus loin du théâtre des événements, n'en ont pu suivre les évolutions. Mon livre ne suppléera pas, je le sais, aux journaux démocratiques dont mon département est privé depuis trois ans passés ! mais mes compatriotes y reconnaîtront la plume souvent hardie, toujours sincère, qui ne leur dissimula jamais la vérité.

Quant au public, proprement dit, je n'ai point de salut à lui faire. Nous nous connaissons peu. Tant vaut l'homme, tant vaut la parole ; or je n'ai d'autres titres à offrir qu'une foi républicaine déjà vieille. Et c'est si peu de chose que la foi, n'est-il pas vrai, par le temps qui court?

Pierre LEFRANC,

Représentant des Pyrénées-Orientales.

1848—1852.

# LA RÉPUBLIQUE

ET

# LES PARTIS.

## I

### La paix ou la guerre?

1852, année de justice et de réparation, année de bon augure, salut!

Ce point noir qui se lève à l'horizon, ce nuage que les marins, dans leur langue, nommeraient *fleur de tempête*; ce jalon planté sur la route des peuples et vers lequel tous les peuples ont les yeux tendus; cette date qui doit prendre rang, heureuse ou néfaste, parmi les dates célèbres qui marquent l'âge de l'humanité ; c'est l'année 1852.

Nous y touchons, nous y sommes.

Et pas de sentier détourné, pas de chemin de traverse, pas d'ajournement, pas de prorogation, pas un point d'arrêt : le temps nous pousse..... et il faut arriver ; c'est un étroit défilé..... et il faut passer là !

Un rendez-vous pour les gouvernements et pour les peuples ; un rendez-vous à jour fixe, voilà ce qui donne par avance à 1852 cette puissance prestigieuse, qui redouble, de part et d'autre, les craintes et les espérances. Mon Dieu ! elles ne datent pas d'hier, pas plus qu'elles ne seront tranchées demain, les grandes questions qui vont se débattre. Entre la liberté et le despotisme; entre la justice et l'arbitraire ; entre la raison qui éclaire et la foi qui aveugle ; entre le dogme du progrès et le dogme de l'abrutissement; entre l'égalité et le privilége; entre le travail et la fainéantise; entre le bien et le mal ; entre la révolution et la contre-révolution, pour tout dire, en un mot, la lutte est déjà vieille comme le monde, et la lutte se prolongera encore bien avant dans les siècles. Mais nulle part, mais jamais, ouvrez toutes les histoires, vous ne trouverez l'exemple d'un pareil champ clos, prévu, fixé, convenu et accepté.

Est-ce un bien ? Assurément. Attaqués isolément, les peuples sont toujours vaincus. L'Italie succombe quand la France l'abandonne. Vienne s'insurge et chasse un empereur deux fois parjure, mais il est trop tard : le mouvement de Berlin est déjà comprimé. Puis survient la Hongrie, la dernière en ligne, qui, après des prodiges d'héroïsme, se fait tuer à l'arrière-garde de ses sœurs déjà en déroute. Ainsi de Milan, de Venise, de Rome, de Naples, de Bade, de la Bavière, de la Saxe, de la Hesse, de toute l'Europe, enfin, refoulée, traquée, décimée, puis fusillée et suppliciée en détail. Mais réunis, mais groupés, mais solidaires, les peuples seront invincibles. Que leur manquait-il donc pour être prêts? une date, un signal, un appel! Nous l'avons aujourd'hui, et c'est..... 1852.

Oui, c'est un bien, et nous en jouissons par avance. Qui pourrait dire, en effet, toutes les cruelles souffrances, toutes les justes colères, toutes les impatiences légitimes, qui ne sont contenues que par l'espoir d'une prochaine réparation à un jour déterminé? Interrogez le captif et le proscrit, que vous répondent-ils?

1852. Certes, le régime de la France, le régime de l'Europe entière est plus intolérable cent fois aujourd'hui qu'il y a vingt ans. La réaction de 1849, dont l'intensité peut se mesurer à l'effroi des gouvernements, la réaction de 1849 s'est montrée cent fois plus aveugle, plus impitoyable que la réaction de 1831. Et cependant, remarquez-le bien, les émeutes ne succèdent plus aux émeutes, ni les soulèvements aux soulèvements. Un certain ordre, ou plutôt une apparence d'ordre règne tellement quellement, comme à Belle-Isle, comme dans les *in pace*, comme dans les tombeaux. Or, à quoi devons-nous ce calme d'un instant? A 1852.

J'ai comparé 1849 à 1831. Suivons ce rapprochement. Après la révolution qui la porta sur le pavois, faute de mieux, la monarchie de Juillet avait devant elle un avenir indéterminé. Pour les hommes du droit, au contraire, pour les républicains à qui leur nom seul devenait un crime, pas une lacune en perspective, pas un interstice, pas une date précise où l'on pût saisir, contester et combattre cette royauté de fait, qui, sur la foi d'une charte de hasard, se promettait l'éternité. De là des insurrections nombreuses, des tentatives isolées, et toute une série de défaites vengées très-tard, trop tard, par une insurrection victorieuse. Attendre! Et jusques à quand? Un événement! Et lequel? Cette incertitude faisait notre faiblesse. Mais aujourd'hui la position est tout autre, et les rôles sont changés. Plus de Pouvoirs en France qui puissent se dire éternels, partant plus d'insurrection. A une heure marquée d'avance et qui sonnera bientôt, le peuple ressaisit sans secousses, sans barricades, sans coups de fusil, l'exercice de sa souveraineté, dans les limites qu'il s'est imposées lui-même par son pacte de 1848. Le calme dans le droit, la patience fondée sur l'espoir à courte échéance, tel est, même au point de vue de l'ordre, l'un des précieux avantages de la périodicité des pouvoirs consacrée par la Constitution. Aveugle et ingrat qui n'en conviendra pas!

Il y a plus, et il y a mieux. Les révolutions imprévues ont pour effet immédiat, douloureux, inévitable, de troubler tous les rapports sociaux. Le crédit s'enfuit, le marteau s'arrête, la charrue tourne à peine, la vie semble paralysée. Cent vingt mille hommes de labeur, dans une seule ville, sont jetés sur le pavé du jour au lendemain. Tout gouvernement, provisoire ou définitif, qui surgit d'une révolution se trouve aux prises avec les mêmes difficultés. Essayez donc des réformes, et des réformes durables, dans de pareilles conditions ! — Grâce à la Constitution de 1848, la secousse, si secousse il y a (et Dieu sait qui l'aura voulu), sera moins terrible, précisément parce qu'on l'aura prévue. Ajoutons que personne ne sera bien venu cette fois de crier à la surprise : à l'insurrection, moins encore. Avec un droit public qui consacre la souveraineté du peuple et limite la durée des Pouvoirs, nous ne voyons d'insurgés possibles que les Pouvoirs eux-mêmes s'ils tentaient de se perpétuer une minute de trop dans leurs fonctions expirées.

Donc, année 1852, année de justice et de réparation, année de bon augure, salut !

Que portes-tu dans tes flancs ? La paix ou la guerre ?

La paix ! Oh ! je la souhaiterais de bon cœur, comme la bonne nouvelle, à tous les hommes de bonne volonté. Mais (faut-il le dire tout franc et tout net ?) je sais qui nous gouverne, j'ai vu de près les partis, je les tiens pour ce qu'ils valent..... La paix ! je n'y crois pas.

C'est donc la guerre ?

*Oui.*

## II

### La guerre?

La guerre! mais entre qui? mais pourquoi? mais comment? — Je vais vous le dire.

Il y a eu déclaration de guerre dans le monde le jour où, réunis dans un hangar, à Versailles, en vertu de pouvoirs délégués par leurs concitoyens, quelques hommes affirmèrent qu'ils étaient la Souveraineté, l'Autorité, le Droit, à l'encontre de toute Souveraineté, de toute Autorité, de tout Droit préexistant : ce qui, pour un peuple, comme pour tous les peuples, s'appelait et s'appelle encore : *la Liberté.*

Il y a eu guerre le jour où les mêmes hommes, réunis en Assemblée constituante, déclarèrent abolis tous priviléges de caste, de naissance, de fortune, et constituèrent, pour la France d'abord, pour l'humanité ensuite, un nouveau droit public et privé sur cette base : *l'Egalité.*

Il y a eu guerre le jour où une grande Assemblée, héritière de la première, décréta qu'entre les hommes, forts ou faibles, riches ou pauvres, tous enfants d'un même Dieu, devait s'établir un lien sacré, une religion nouvelle : *la Fraternité.*

Et, comme il est de l'essence de toutes les religions d'aspirer à l'universalité, sous peine de disparaître, demandez-vous si la nôtre s'est établie partout sans obstacles. Faites un rapprochement. Rappelez-vous les trois premiers siècles de la chrétienté. Passez en revue la légion de ses martyrs, *martyrum exercitus*, comme dit encore le *Te Deum* de nos pères ; comparez-y la légende des nôtres. Supputez ce qu'il a fallu au christianisme d'efforts, de sacrifices, d'héroïsme et de temps, pour envahir le monde, et vous me direz si la guerre est terminée.

Non, et ne vous y trompez pas. Ce qui se

projette, ce qui s'agite, ce qui s'organise depuis les bords de la Newa jusqu'à la baie d'Amalfi, en passant par Vienne, Berlin, Paris et Rome; ce qui s'exécute déjà, c'est une seule et même croisade contre la liberté des peuples.

Quelles ont été, il y a soixante ans, les premières phases de cette guerre héroïque, cent historiens l'ont raconté avant moi, et cent autres y reviendront. Quelles seront dans l'avenir les fortunes diverses de notre sainte cause? c'est le secret de Dieu. Les champs de bataille seront multiples, mais la guerre restera une dans son ensemble, dans son origine et dans son but. Ainsi le veut la grande loi de la solidarité humaine. Etre jeté sur les pontons de Belle-Isle, fusillé à Milan, pendu à Pesth, ou enfoui tout vivant dans les cachots du Saint-Office, c'est souffrir et mourir pour une même cause, pour la liberté.

Cela soit dit en passant à ceux d'entre nous qui ont pu croire que la République française vivrait isolée, étiolée dans ses frontières, en bons rapports avec les gouvernements qui procèdent d'un principe contraire. C'est comme si le christianisme se fût concentré dans la Judée, entre deux chaînes de collines, sans expansion au dehors, au lieu de viser au trône des Césars. Eût-il vécu ? Non.

Il n'y a que deux camps en Europe : la révolution et la contre-révolution. Cette vérité, devenue vulgaire, à force d'évidence, je n'ai pas la prétention de la découvrir. Consultez les hommes d'État. Ecoutez M. Thiers : « Ce « que nous voyons (en Suisse), c'est la révolu- « tion et la contre-révolution en présence. » Et il ajoutait : « Je suis du parti de la révolu- « tion en Europe.... Quand même elle passe- « rait dans des mains qui ne sont pas modé- « rées, je ne quitterais pas pour cela la cause « de la révolution. » (*Discours sur les affaires de Suisse, janvier* 1848.) Il est vrai que, l'année suivante, étourdi encore de sa chute de Février, M. Thiers s'écriait, à propos des affaires de Rome : « Il n'y a que deux causes en Europe : « l'*ordre* et la *démagogie*. Je suis pour l'ordre.» (12 *juin* 1849.) Lisez : J'ai changé de camp depuis l'année dernière, et je couvre cette apostasie de quelques injures. Il est vrai encore que le susdit M. Thiers, qui défiait, en 1848, le gouvernement de Louis-Philippe de demander un seul homme et un seul écu pour marcher sur Berne au secours des Jésuites, ne s'est pas fait faute, en 1849, de voter beaucoup d'hommes et beaucoup d'écus pour marcher sur Rome et pour y exterminer la liberté au profit du parti clérical. C'est là une de ces mille palinodies que nous ne comptons plus ni avec M. Thiers, ni avec bien d'autres. Mais ce qui reste vrai, c'est l'appréciation de la situation générale : Deux principes, deux camps, la guerre inévitable, la guerre en Russie, à Rome, en France, partout !

Vous faut-il d'autres autorités ? Je choisirai parmi les moins suspectes. Voici M. de Falloux saluant la Révolution de février et se répandant en éloges sur le peuple de Paris, *admirant sa bravoure, son héroïsme, sa générosité, sa délicatesse*, etc., etc. (*Sic. Lettre du 1er mars.*) En homme clairvoyant, M. de Falloux ajoute que les puissances étrangères verront sans doute de mauvais œil la révolution française ; mais il s'en inquiète peu. Et savez-vous comment il les qualifie dans un joli jeu de mots ? d'*impuissances étrangères*. Il est vrai que, trois ans après, le même M. de Falloux menace la République du canon russe. (*Discours du 14 juillet* 1851.) Le lecteur honnête et naïf remarquera peut-être encore ici quelque chose de... contradictoire. Il aura tort. M. de Falloux est resté dans son rôle : à plat ventre devant la République triomphante, à plat ventre devant ses ennemis dès qu'elle est menacée ; il a conservé sa position. Allez donc demander à certains êtres de la création de redresser leur marche et leurs allures ! Quoi qu'il en soit, tirez ces conséquences : Pour la révolution, l'ennemi n'est concentré, ni ici, ni là, ni au nord, ni au midi, ni en Russie, ni en France, il est partout, et ce n'est pas à l'étranger que je le redoute le plus.

J'épargnerai au lecteur le dénombrement des forces qui se préparent à entrer en ligne pour la campagne prochaine. Je ne lui montrerai point l'Allemagne reconstituée féodalement sous la domination de l'Autriche et de la Prusse, après une comédie qui n'a trompé personne, pas même le gouvernement français lorsqu'il nous a demandé quarante mille hommes dans le but de parer à des éventualités impossibles. Je ne lui parlerai ni du pape romain ni du pape russe s'excommuniant dévotement l'un l'autre, mais s'entendant parfaitement dès qu'il s'agit d'excommunier et d'égorger l'ennemi commun, la Révolution. A la nouvelle croisade contre les nouveaux Albigeois, rien ne manquera, pas plus les saint Dominique que les Simon de Monfort. Vous trouverez autant de Falloux et de Montalembert pour damner les infidèles, que de Radetzki et de Haynau pour les pendre. C'est convenu. Ce que je tiens à signaler et à marquer du doigt, afin que le peuple ne s'y trompe plus, ce n'est pas l'ennemi du dehors, c'est l'*ennemi du dedans*. L'expression est dure. Quelque Suin y verra peut-être une excitation à la haine, etc. ; mais j'avertis d'avance tous les Suin du monde que je ne fais que copier mot pour mot certain message d'un très-haut personnage, contre lequel ils n'ont pas à requérir pour le moment. Et, après tout, je n'en suis pas encore à glorifier la sainte guerre civile et l'héroïsme de l'assassinat, à l'instar de certain journal dévot que tout le monde a pu lire et que personne n'a poursuivi.

Vite donc un coup d'œil sur la situation. Mais le sujet nous paraît vraiment trop riche pour ne pas mériter un nouveau chapitre.

## III

### L'ordre anarchique.

Quand la confusion sera dans le royaume et la division dans les familles, lorsque vous verrez apparaître les charlatans et les faux prophètes, vous reconnaîtrez à ces signes que les temps sont proches. C'est en ces termes, ou à peu près, que s'exprime l'Écriture sainte. Oh! s'il en est ainsi, il ne faut plus dire que les temps sont proches, il faut dire que les temps sont venus.

Si j'avais à peindre l'idéal du désordre dans les esprits, dans les idées, dans les lois, dans l'administration, dans le gouvernement, dans les hommes et dans les choses, je ne saurais choisir de meilleur type que la France telle que nous l'ont faite les partis politiques en l'an de fusion et de confusion 1851.

Je cherche un mot qui caractérise un tel désordre, mais mon imagination se trouve en défaut. Je l'appellerais bien *anarchie;* mais M. Proudhon prétendrait que je calomnie sa doctrine par assimilation. J'évoquerais bien l'histoire si connue de Babel, mais la mémoire des architectes de Babel en serait justement offensée. L'empire romain au cinquième siècle offre bien quelque chose d'approchant. Oui, si les monuments d'alors eussent porté pour inscription : *République romaine ;* si sur les murs de toutes les prisons, regorgeant de républicains, on eût lu ces mots : *Liberté! égalité! fraternité!* si la justice se fût rendue au nom du peuple contre les seuls amis du peuple ; si les traîtres qui ouvraient les portes aux barbares eussent eu pour devise : *Honneur et patrie !* si le principal mérite des fonctionnaires eût été d'exécrer les institutions existantes, et leur principale besogne de les bafouer ; si enfin, du sommet au bas de l'échelle, l'administration tout entière n'eût été que le mensonge organisé, vivant et en action ; oui, l'empire romain ferait à peu près mon affaire. Il y aurait même cela d'heureux dans ma comparaison qu'alors comme aujourd'hui, ce qui se tenait encore debout, comme par miracle, c'était les ruines d'une vieille société qui disparaissait avant que la nouvelle se fût installée.

Mais qu'ai-je besoin de couleurs pour peindre un tableau parlant! Voyez et jugez :

Quelle est la forme du gouvernement? Une République, si j'en crois le *Moniteur*, qui, par un reste de pudeur, conserve encore ce titre en tête de ses colonnes. (Il est vrai qu'à dix lieues de Paris on se gêne moins. Les actes officiels se sont affranchis de la formule; et c'est bien fait : c'est un mensonge de moins.)

Ah! nous sommes en République! Voilà sans doute pourquoi l'administration a été si bien épurée qu'il n'y reste pas un seul républicain.

Nous sommes en République! Eh! c'est pour cela que tout fonctionnaire électif qui se permet de prononcer le mot de République est immédiatement révoqué ou suspendu.

Nous sommes en République! c'est évident. Aussi, le seul cri séditieux que l'on poursuive en France est-il celui de *vive la République!*

Nous sommes en République ! Alors il est tout naturel que le gouvernement concède des priviléges de vente aux journaux qui insultent la République, et refuse le même droit à tous les autres.

Nous sommes en République ! Dès lors ce ne peut être que par l'effet du hasard que les prisons soient peuplées exclusivement de républicains.

Quelle est la base du droit public ? Le suffrage *universel*. Fort bien : en conséquence trois millions et demi de citoyens sont rayés des listes électorales.

Qui gouverne ? Un Bonaparte. Dieu soit loué ! on s'en aperçoit dans mon département, où d'anciens bonapartistes, qui, dans le temps, ont souffert pour l'oncle, sont maltraités impunément, assommés quelquefois, par les verdets, sous le gouvernement du neveu.

Quels sont les ministres de l'homme qui doit sa position à la Révolution de février ? Des gens qui traitent la Révolution de *catastrophe* après l'avoir trouvée sublime.

Et, par contre, où sont les combattants qu'il remercia de leur héroïsme dans sa lettre du 26 février, insérée au *Moniteur* et dans tous les journaux ? En exil et sur les pontons.

Existe-t-il, oui ou non, une Constitution qui consacre le droit de réunion et d'association? J'ai quelque souvenir d'avoir voté moi-même quelque chose dans ce genre. D'où il résulte naturellement que trois républicains ne peuvent se réunir sans avoir la police à leurs trousses, toute liberté étant laissée, comme de raison, aux ennemis de la République et de la Constitution.

Nous vivons sous un régime de liberté, n'est-il pas vrai? Demandez-le plutôt aux cinq départements condamnés à l'état de siége depuis deux ans passés!

On a conservé, je crois, dans nos codes, un grand principe de droit. C'est celui-ci : *Nul ne peut être distrait de ses juges naturels*. Dès lors il n'est pas étonnant que les républicains soient traînés de cent lieues de distance devant les conseils de guerre de l'état de siége.

Que nous dit-on? que nous répète-t-on avec emphase chaque jour à la tribune? Que le respect des lois est la première condition de l'ordre. En ce cas, il est bon que les journaux de prédilection poussent ouvertement à la guerre civile, et que le ministère lui-même excite ses agents au mépris de la loi des lois, la Constitution.

Comment s'appellent nos législateurs? Représentants du peuple. En êtes-vous bien sûr? Mais, le 16 juillet dernier, j'ai cru en entendre un qui se disait représentant d'un roi, et cela aux applaudissements frénétiques d'une immense majorité !

Mais, au moins, ceux qui ont la singulière fantaisie de prendre au sérieux leur mandat, ceux qui persistent à représenter le peuple, peuvent-ils se mettre en communication avec leurs commettants? Non : mais la route de Froshdorff est libre, et il est de bon ton d'aller s'agenouiller aux pieds d'un roi, qui règne, en plâtre, au passage Choiseul, et qui vagabonde de sa personne à l'étranger.

Je ne dirai rien de l'enseignement. Les Jésuites étant, comme chacun sait, les plus chauds amis de la Révolution, il était logique de leur confier l'éducation des fils de la Révolution.

Grâce aux vacances, nous sommes privés du plaisir d'entendre MM. les ministres, chassés honteusement de leurs bancs, pour défaut de confiance, et rentrés, quelques mois après, nous vanter le touchant accord qui règne entre les grands pouvoirs de l'Etat. Mais entre temps, et pour charmer nos loisirs, nous avons le grand parti de l'ordre, qui siége en permanence rue de Rivoli, rue des Pyramides, au conseil d'Etat, partout un peu. Il s'y trouve des gens qui rêvent tout à la fois :

1° La prorogation des pouvoirs du président;
2° La réélection inconstitutionnelle ;
3° La présidence pour dix ans ;
4° La présidence à vie ;
5° La présidence héréditaire, si faire se peut;
6° La royauté du comte de Paris ;
7° Avec la régence de son oncle;
8° Avec la régence de sa mère ;
9° La candidature de M. de Joinville, qui est un *prétendu*, mais non pas un *prétendant*;
10° La royauté absolue du comte de Chambord ;
11° La royauté constitutionnelle du même, avec ou sans Chambres, de droit divin,... non de droit du peuple,... je me trompe, de droit national, au moyen de l'appel *au* peuple, qui n'est pas l'appel *du* peuple, lequel restera souverain, tout en se donnant un roi, ce qui est on ne peut plus clair.

Ajoutez-y la fusion des branches, la scission des légitimistes, la défection des chefs, leur union secrète avec l'Elysée, la colère des fidèles, les voyages secrets, les manifestes publiés, démentis, modifiés, et démentis encore, les intrigues en partie double, les mille petites ruses, les mille petits complots ourdis, tramés, abandonnés et repris d'un jour à l'autre, et vous aurez une légère idée de l'entente cordiale qui règne dans le grand parti de l'ordre. Est-ce que vous trouvez que ce n'est pas assez comme cela?

Voilà les partis. Je leur laisse les dénominations qui leur plaisent tant : *amis de l'ordre, honnêtes gens, honnêtes et modérés, sauveurs de la société, etc., etc.*; qu'importent les mots? Je jette tout cela dans le même plateau de la balance.

Puis je cherche ce qui pourra me rester pour mon second plateau.

Ce qui me restera! Les *ennemis de l'ordre* évidemment, *les malhonnêtes gens, les malhonnêtes et les furieux, les perturbateurs de la société?* C'est peu de chose; mais dans la langue de la vérité, qui n'est pas la langue des partis, ce peu de chose, les gueux, cette vile multitude, porte un autre nom que je vais prendre enfin la liberté de lui restituer : LE PEUPLE!

Ainsi :

D'une part, les partis contre-révolutionnaires, blancs, noirs, bleus, et même tricolores : ce n'est pas ma faute s'ils se sont affublés de tous les drapeaux et bariolés de toutes les couleurs.

De l'autre, la Révolution, la République, le Peuple : c'est tout un.

Nous les pèserons.

Et, s'il y a un Dieu ; si ce Dieu est juste ; si son règne doit nous advenir ; si la vertu n'est pas un nom ; si toutes les vertus sont sœurs, de même que les vices sont frères ; si la direction des sociétés humaines est dévolue de plein droit à l'intelligence, au travail, à la moralité, au dévouement, au courage et à la magnanimité ; si, par contre, l'inintelligence, l'immoralité, l'intrigue, la fainéantise, le mensonge, la lâcheté, si, en deux mots, l'égoïsme sans cœur et sans tête des hommes comme des cartes doit disparaître un jour; le point d'interrogation que j'ai posé en tête de cet écrit recevra bientôt sa réponse.

Pour découvrir la marche d'un astre, les géomètres commencent par déterminer dans l'espace quelques points de son orbite. Pour savoir où nous mènent les partis, cherchons d'où ils viennent. C'est de l'histoire, je l'écris pièces en main, je serai bref : suivez-moi !

## IV

### D'où vient la République?

Mais, d'abord, pourquoi sommes-nous en République ? Je vais vous le dire :

Il y eut un jour en France (et nous n'en sommes séparés que par trois années, lesquelles semblent trois siècles), il y eut un jour, une heure où s'évanouirent à la fois tous les pouvoirs publics, roi, dynastie, ministres, députés et pairs, tous heureux de sauver leurs personnes, et laissant à l'aventure la fortune du pays.

Ce jour-là, le 24 février 1848, à deux heures après-midi, veuillez me dire où était la souveraineté, le droit!

L'instinct du salut, je devrais dire du sauvetage à tout prix; ce besoin d'ordre, qui, à de certains moments, devient la loi suprême, pouvait conférer à quelques hommes dévoués et courageux une mission temporaire. Mais, en principe, où chercher la base de l'autorité nouvelle? Dans la nation. Et par quelle voix pouvait s'exprimer la nation? Par la voix du suffrage universel. Qu'est-ce, enfin, que le suffrage universel, si ce n'est la République, la chose publique, la chose de tous, la participation de tous au gouvernement du pays? Donc, par voie de conséquence rigoureuse, la République existait déjà de plein droit, je dis plus, elle existait déjà de fait avant d'être proclamée à l'Hôtel de Ville.

Je l'ai déjà écrit, je le répéterai jusqu'à ce que cette pensée se soit ancrée dans tous les esprits : On ne crée pas le droit, on le constate ; on ne crée pas une République, on la proclame. Et ce n'est pas là une œuvre humaine. Dites-moi, est-ce que ma liberté est l'œuvre des hommes? Est-ce qu'elle n'existe pas avant la loi qui en règle l'exercice? Et, de même, est-ce que la souveraineté du peuple n'est pas antérieure aux Constitutions, qui n'en sont que la formule et non la source ? Insister me paraîtrait puéril. Je n'ai jamais su prouver l'évidence.

En dépit des basses rancunes qui crient encore à l'escamotage, ne vous étonnez donc plus que la République ait été si facilement et si universellement acceptée, sans obstacle, *nemine obstante*, comme l'a dit M. Dupin, qui ne s'en souvient plus. Et la meilleure raison à en donner, c'est *que la France croyait encore être monarchique, tandis qu'elle était républicaine.* La réflexion n'est pas de moi. Je me tiens en garde contre le désir des citations historiques. A la honte de l'humanité, et pour le châtiment éternel de certains personnages, il me faudrait citer tous les journaux, tous les livres, toutes les brochures, toutes les lettres du temps, qui contiennent une adhésion à la République, surchargés de plates adulations et de manifestations d'enthousiasme vraiment effrayantes. Mais ici je ne puis m'empêcher de restituer la réflexion à qui de droit. Les écrivains qui trouvaient la France républicaine avant le 24 février, et qui ajoutaient, en parlant de la monarchie : *Immorale avec Louis XIV, scandaleuse avec Louis XV, despotique avec Napoléon, inintelligente jusqu'à* 1830, *astucieuse, pour ne rien dire de plus, jusqu'en* 1848, ce sont aujourd'hui les insulteurs les plus éhontés de la République, les panégyristes les plus enthousiastes de la monarchie, amis de l'ordre jusqu'à l'inquisition, royalistes jusqu'à la lettre de cachet, théocrates jusqu'au bûcher, honnêtes gens, cela va sans dire, ce sont..... les rédacteurs de l'*Univers religieux*.

Ceci n'est au surplus qu'une pièce entre mille à joindre au dossier des honnêtes gens. Plus tard nous balancerons leur compte et nous en payerons le solde à coups de fouet. Chaque chose viendra à son tour. Mais la pensée m'a paru si vraie, que je tiens à la développer, sans me l'approprier.

Républicaine sans s'en rendre compte, telle était la France au 24 février, telle depuis soixante ans. La République date du 20 juin 1789.

La République a eu pour berceau le jeu de Paume, pour baptême la prise de la Bastille, pour prénom le titre d'Assemblée nationale que se donnèrent les premiers élus du peuple, pour confesseurs la plupart des membres de cette Assemblée, républicains comme la France, à leur insu. Elle était née si vigoureuse, cette République, qu'en trois ans, Hercule au berceau, elle avait étouffé la noblesse, le clergé, la royauté et le roi.

Je vous entends : vous me répondez que la première Assemblée nationale était si peu républicaine, qu'elle conserva, dans sa Constitution de 1791, l'institution de la monarchie. — Ah ! vous appelez monarchie un Etat où le peuple, par l'organe de ses représentants, fait ses propres lois, vote ses propres contributions, en surveille l'emploi, impose sa volonté, déclare la guerre, fait la paix, et se gouverne à sa façon. Et en face d'un tel peuple cet homme doté et logé magnifiquement, j'en conviens, mais dont le palais, gardé par des consignes sévères, devient une prison ; cet impuissant qui ne prend personnellement aucune part à la confection des lois; cet interdit pourvu, sous le nom de conseil des ministres, d'un véritable conseil judiciaire; cet incapable dont la signature sera déclarée nulle si elle n'est accompagnée de celle d'un ministre-curateur en guise de caution ; cette espèce de sabot de voiture, inutile à la montée, insuffisant à la descente, car il sera usé broyé et sous les roues, avant le premier relai; cet étrange fonctionnaire humilié d'une irresponsabilité qui le place tout juste au niveau de l'enfant dont la loi décline la raison et le discernement; c'est là le souverain, le roi! Eh! n'entendez-vous pas le nom que lui donne dès le premier jour le bon sens populaire? C'est *monsieur Veto :* M. Veto, qui essaye vainement d'user de la dernière prérogative qu'un reste de respect lui a laissée dans la Constitution. Et c'est là ce que vous nommez de la monarchie..... constitutionnelle! Eh bien! moi qui ne me paye pas de mots, je n'y vois que de la République, non pas de la belle et de la bonne, mais de la pire espèce. Atteler ses chevaux, moitié par devant, moitié par derrière, et les faire tirer en sens inverse, c'est vouloir que la voiture se brise ou que les uns soient traînés par les autres. Voilà, en quatre mots, toute votre machine constitutionnelle.

Aussi voyez le beau résultat qu'ont produit, dès leur essai, ces profondes combinaisons. Une année ne s'était pas écoulée, qu'en deux soubresauts l'un des pouvoirs s'était brisé, le sabot s'était rompu, et l'infortuné Louis XVI payait de sa tête le triste honneur d'inaugurer en France un régime impossible. Je n'accuse pas les intentions de la première Assemblée constituante : elles étaient aussi pures que ses vues étaient courtes. D'ailleurs, soyons indulgents, nous verrons plus tard une autre Constituante commettre les mêmes fautes, poser des prémisses sans avoir la force de conclure, transiger avec les traditions du passé, bifurquer la souveraineté, créer au sein même de la Constitution un germe de conflits permanents, et préparer peut-être de nouveaux malheurs.

Ma critique, bien qu'un peu vive, n'altère en rien la vénération que j'ai conservée pour la mémoire de nos pères. Ils partageaient pour la plupart les idées d'un écrivain célèbre, ingénieux sans profondeur, analyste sans synthèse, et métaphysicien sans logique, dont la gloire aujourd'hui ne peut faire envie qu'à M. Odilon Barrot. C'est Montesquieu qui, avec son équilibre et sa pondération des pouvoirs, leur avait tourné la tête. Et puis ils avaient les yeux fixés sur l'Angleterre, sans remarquer que chez nos voisins la royauté n'est qu'un nom, une abstraction, un fantôme, l'ombre d'une aristocratie qui se transmet les fonctions gouvernementales par ordre de primogéniture. Mais puisque nos pères tenaient à essayer de ce système bâtard, ne pouvaient-ils mieux choisir leur roi constitutionnel ? Tout autre que Louis XVI eût été plus ou moins propre à ce rôle. Louis XVI seul n'y convenait point. Faire d'un monarque absolu un fonctionnaire à la suite, d'un roi un roitelet, remplacer dans sa main le sceptre de fer de Louis XIV par un sceptre de roseau, conserver sur sa tête une couronne dégradée qui alternera quelque jour avec le bonnet rouge, placer cet homme entre son serment et ses regrets les plus vifs, subissant M. Roland pour ministre, lui qui avait renvoyé Turgot, tourmenté par une cour qui le pousse à la trahison, bourrelé par des prêtres qui l'excitent au parjure, désarmé au milieu d'un peuple en proie aux premières ivresses de la liberté ; vraiment, il y avait là une telle imprévoyance qu'elle touche à l'inhumanité !

Si le premier essai de la monarchie bâtarde ne fut pas heureux, que dirons-nous des autres? Quatre fois depuis, dans les chartes octroyées ou imposées, on a tenté d'amalgamer la souveraineté du peuple avec la monarchie héréditaire. On a raccommodé quatre fois la patache constitutionnelle. Et maintenant cherchez-en les débris ! Vous les trouverez sur la route de Gand, sous les sables de Rochefort, dans la rade de Cherbourg et par les grèves de Honfleur.

Cette discussion est peut-être un peu prématurée pour le cadre que je me suis tracé; mais j'avais à cœur de prouver, conformément à l'opinion de l'*Univers religieux*, que la République en France ne date pas du 24 février. Vous venez de la voir dans nos chartes, à peine voilée par une fiction qui ne supporte pas l'examen. Tournez ailleurs :

S'agit-il de finances ? Un mot dit tout : qui vote le budget ? qui tient les cordons de la bourse ? une Assemblée ! le peuple ! mais vous êtes en pleine République ! Oh ! les plaisants royalistes, qui votent la pitance d'un roi comme celle du dernier gabelou ! Plus plaisants encore ceux qui la marchandent ! Quatre cents bourgeois refusent au roi qui tend la sébile un gros sou pour la dot de ses fils ; et ces gens-là ne sont pas républicains !

Rendre la justice est le plus haut attribut de la souveraineté, et la plus haute de toutes les justices est la justice criminelle. Or, qui juge depuis soixante ans en pareille matière ? Le roi ? Non. Ses agents ? Non. Ce sont des jurés. C'est le peuple. Reste, il est vrai, le droit de grâce, mais après MM. les jurés, s'il vous plaît. Et vous n'êtes pas en République !

La loi civile consacre l'égalité des partages

sans exception, notez le mot. Et le trône, s'il y a quatre héritiers, se partagera-t-il? le mettrez-vous en licitation, à l'encan? Non, mais vous le brûlerez bientôt sur la place de la Bastille; car l'égalité des partages sans exception, c'est la République.

La commune est le prototype, la monade de la nation. Or, qui administre la commune? Un maire élu à titre de conseiller municipal, et pour un temps donné, par ses concitoyens. — Ah! c'est le peuple qui nomme les administrateurs de la petite commune! Oh! alors je vois venir de près le moment où le peuple élira, et pour un temps limité, le maire de la grande commune, de la nation.

Je serre la question, je la précise. Nous sommes au 23 février 1848, Louis-Philippe règne encore, si tant est que l'on règne avec des sujets aussi aimables, aussi dociles, aussi peu taquins que MM. Duvergier de Hauranne, Léon de Maleville, Odilon Barrot, Thiers et consorts. Je m'adresse au paysan le plus simple. « Gros-Jean, tu connais M. Richard?—Oui.—Est-ce un brave homme?—Certainement.—Le veux-tu pour maire?—Volontiers.—Et après lui, son fils qui est en Afrique? Nenni, dà! — Et après le fils, le petit-fils qui est à la mamelle? —

Oh! que non, de par le diable! je ne les connais pas, je ne sais pas ce qu'ils seront, c'est bien assez du grand-père, et encore pour quelques années tout au plus, sauf à voir... » — J'en ai assez vu, Gros-Jean est tout aussi républicain que vous et moi. Donnez-lui seulement le temps de comprendre que son intérêt dans la patrie est supérieur à son intérêt dans la commune, puis faites-lui tâter du suffrage universel, et vous verrez si jamais Gros-Jean se donne un roi!

Quand la démocratie coule ainsi à pleins bords, quand elle envahit les chartes, les lois et les mœurs, qu'attendez-vous donc pour lui donner son véritable nom : République? Un événement, un accident, un coup de vent qui abatte un trône sans racines, et tout sera dit. Ce jour-là vous n'aurez qu'un décret capital à rendre, un décret qui organise le suffrage universel. Que m'importe ensuite que vous badigeonniez les monuments et les colonnes du *Moniteur*? Ce que vous y changez, ce n'est qu'un mot : vous aviez déjà la chose. Était-ce donc le mot qui vous faisait peur? Grands enfants!

Mon Dieu! je le conçois. Vous aviez été bercés, allaités, nourris dans une sainte horreur de cette République traînée cinquante années durant par toutes les fanges de l'insulte, et devenue, dans la langue des calomniateurs, synonyme de la guillotine et du papier-monnaie. Echafauds et noyades, sang et meurtres, spoliations et misère, voilà tout le fond de la polémique soutenue sous les trois derniers règnes par les royalistes contre les républicains. J'en appelle aux souvenirs de mes concitoyens. En 1847, dans un méchant petit journal de préfecture de province, mes amis ont compté jusqu'à cinq ou six cents fois le mot de *guillotine* en quelques mois. C'est ainsi qu'on peuplait de fantômes l'âme de ce pauvre peuple, tenu à dessein dans une complète ignorance de sa propre histoire. Je ne serais pas surpris que bon nombre de braves gens aient cherché des yeux, au 24 février, si la machine rouge ne faisait point partie du cortége qui proclamait la République. Cependant, lorsqu'on vit que la République débutait par l'abolition de la peine de mort, que les propriétés étaient respectées, qu'on n'arrêtait personne, que l'ordre enfin, à peine troublé, se rétablissait comme par enchantement, la stupeur fit place à l'épanouissement, les craintes à l'espérance ; et tous de se dire, en riant de leurs sottes frayeurs : Républicains ! mais nous l'étions déjà, comme M. Jourdain faisait de la prose, sans le savoir !

Ami lecteur, pardonnez-moi cette petite excursion dans le passé. Il m'a paru bon de restituer à la République son véritable extrait de naissance, et de prouver qu'elle devait s'établir de plain-pied sur le sol de France. On vous a dit souvent qu'elle était arrivée trop tôt. J'ai même entendu ce propos dans la bouche de républicains sincères, mais un peu légers. Eh bien ! laissez-moi vous dire encore ceci : La République est arrivée trop tard, et ce qui ce passe de nos jours ne le prouve que trop. Encore quelques années de corruption, de trafics, de vénalités, de turpitudes, de scandales, de démoralisation, et nous courrions grand risque de tomber à ce degré d'avilissement d'où les nations ne se relèvent plus.

Mais nous voilà au 24 février. Le peuple entre en scène, les partis rentrent dans la coulisse ; ils vont se grimer, se farder, faire leur visage, comme disent les comédiens ; puis ils reparaîtront bientôt avec masques et costumes, qui ne seront pas les derniers.

## V

### Le peuple au 24 février.

« Et maintenant que l'ours est par terre, je « vais descendre de mon arbre, et je lui don- « nerai cent coups. »

(Molière, *la Princesse d'Élide.* Intermèdes.)

Brave Moron! les chasseurs ont abattu l'ours; et il va lui donner cent coups!

Un instant avant, Moron caressait l'ours. Il lui disait : Monseigneur, que vous êtes beau! Ah! beaux grands yeux! Ah! jolie petite bouche! Jolies petites mains! Ah! belles petites quenottes!... Les chasseurs n'étaient pas là, Moron avait peur.

Mais les chasseurs ont abattu l'ours, et Moron va lui donner cent coups!

A cette différence près que le peuple n'est pas un ours, et qu'il n'est pas encore abattu, voilà l'histoire du peuple et de ses ennemis.

Grand peuple, superbe dans le combat, généreux dans la victoire, sois béni à jamais pour ta clémence et ta magnanimité! Il me semble entendre encore ce refrain, partant de cent mille bouches qui vomissent aujourd'hui l'injure contre cette vile multitude de héros.

Les éloges étaient-ils exagérés? Était-ce la peur qui les grossissait comme elle grossit tous les objets? Pour ma part, mes amis le savent, je n'ai jamais su flatter ni roi ni peuple. Par nature, je me prête peu à l'enthousiasme. La réflexion, un peu trop hâtive peut-être, dissipe bien vite en moi l'ivresse des illusions; mais, après trois années de méditations solitaires et d'observations au grand jour, je ne puis m'empêcher de dire, en comparant la conduite du peuple à tout ce que j'ai vu ailleurs : Non, les éloges n'étaient pas exagérés.

N'avait-il donc rien à oublier, rien à pardonner, ce peuple qui oublia si vite et qui pardonna tout? N'était-ce pas la même génération qui avait fait la Révolution de 1830? Et comment l'en avaient récompensée les bénéficiaires de la Révolution? Qu'étaient devenues les fameuses promesses de l'Hôtel de Ville? Pour combien pesait la masse des citoyens, trente-six millions d'hommes, sans nom, sans droits, sans titres, dans les destinées du pays? Et lorsqu'ils réclamaient leurs titres, avec cette calme persévérance qui ne s'est jamais démentie, que recueillaient-ils? l'injure et le dédain. « Vous « finiriez par appeler aux fonctions électorales « *toutes les créatures vivantes*, » répondait M. Guizot. « *Voici les barbares!* » ajoutait le *Journal des Débats*. Ainsi, bête de somme pour les uns, bête fauve pour les autres, le peuple était relégué parmi les catégories inférieures du règne animal. Aussi ne se faisait-on faute ni conscience, en toute occasion, de lui courir sus.

Les dépenses toujours croissantes d'un gouvernement ruineux; un système d'impôt qui rejetait sur le travail la majeure partie du poids des charges publiques; le contre-coup des crises commerciales, que n'avait jamais su ni voulu prévoir une politique cruelle dans son indifférence; les chômages forcés, l'inégalité de rapports entre les patrons et les ouvriers, la coalition des uns tolérée au mépris du Code pénal, la coalition des autres sévèrement punie, les arrestations en masse à chaque grève; les disettes récentes, dues à l'accaparement des grains plutôt qu'à l'insuffisance des récoltes; la misère déclarée factieuse et suppliciée comme telle à Buzançais; le peuple avait tout supporté, le peuple était vainqueur, et le peuple oubliait tout!

Il est vrai que, pour exhorter à la patience les classes déshéritées, messieurs des hautes classes, les honnêtes gens d'alors, qui sont encore les honnêtes gens d'aujourd'hui, leur donnaient d'étranges exemples. Ici un prince volait au jeu, là un duc assassinait sa femme; deux ministres étaient condamnés pour forfaiture; les autres se contentaient de trafiquer des fonctions publiques; les intendants militaires tondaient sur le drap du soldat, les administrateurs des hôpitaux écumaient la soupe du malade; les élections devenaient un champ de foire où MM. les privilégiés se vendaient, le mot s'est dit en pleine Chambre, comme des *cochons*. Les chemins de fer, livrés en pâture aux influences électorales et parlementaires, développaient sur la place de Paris un agiotage effréné qui rappelait les scandales de la rue Quincampoix. On faisait litière de la fortune publique, on trafiquait de tout, sur tout et partout. Le niveau de la conscience publique était descendu si bas qu'on rougissait d'être honnête et pauvre, en face du luxe qu'étalait l'agiotage heureux. A deux pas de faubourgs laborieux et pauvres, au sein d'un hiver rigoureux, un prince de la famille royale prenait part aux souffrances du peuple en donnant aux honnêtes gens de ses amis des fêtes splendides. Et vous croyez que le peuple n'avait rien à pardonner !...

Si je dis un mot de la politique extérieure, si bien qualifiée d'abaissement continu, je vais faire sourire nos hommes d'Etat. Ils n'admettront jamais que le peuple ait conscience de l'honneur national, et que ce sentiment ait pu être froissé par les reculades de 1840, par le traité du droit de visite, par l'indemnité Pritchard, par l'abandon de l'Orient à l'Angleterre, de la Pologne au czar, de l'Italie à l'Autriche et de la Suisse aux Jésuites ; le tout pour acheter une riche dot en Espagne à un prince de la famille d'Orléans. Que la politique d'une grande nation dégénère en politique de famille, qu'importe au peuple? Allons donc ! Est-ce qu'il y a autre chose en France que le pays légal? Est-ce que le peuple fait partie de la nation?

Rien à oublier! Mais, le 24 février au soir, les pavés de Paris ne prêchaient pas précisément l'oubli. Trois jours durant, Paris avait vécu dans des angoisses inexprimables, sous le sabre et sous le canon braqué à toutes les places. De terribles luttes avaient eu lieu. Le sang avait coulé. Une seule fusillade avait jonché de cinquante-deux cadavres le boulevard des Capucines. Le peuple était vainqueur, c'était bien ; mais que la garde nationale n'eût pas interposé sa médiation entre les combattants, que l'armée, placée dans la position la plus affreuse, entre sa consigne et ses propres sentiments, n'eût consulté que sa consigne; que la conscience du droit n'eût pas arraché les armes des mains des soldats; qu'une dernière chance de victoire fût restée à la royauté, même au prix de boucheries épouvantables; que toute liberté d'action eût été laissée au maréchal Bugeaud, investi pendant quelques heures du commandement suprême; quel eût été, je vous le demande, quel eût été, le 24 février au soir, le sort de Paris vaincu? Je ne parle pas des listes de proscription qui se dressèrent pendant toute la nuit du 23 au 24 février, c'est-à-dire au moment même où l'on semblait entrer dans la voie des concessions hypocrites et menteuses. Les proscriptions passent par-dessus la tête de la multitude et n'atteignent que les chefs. Mais rappelez-vous seulement les regrets tardifs du héros de la rue Transnonain : « J'au-« rais dû, sourd aux lamentations de vos bour-« geois de Paris et de votre garde nationale, « *vous faire mitrailler tous sans merci!* » Puis, figurez-vous Paris mitraillé, le peuple humilié, la démocratie décimée et livrée à la justice de M. Hébert, tempérée par la clémence de M. Guizot !!!

Et pourtant tous les ressentiments, toutes les colères s'évanouirent avec la fumée du dernier coup de fusil. De cris de vengeance, pas un seul. D'exécutions après le combat, nulle part. Seule, la garde municipale, victime de consignes exécutées à outrance et d'une impopularité déjà vieille, souffre des représailles du peuple. Et encore, aux Tuileries, à l'Hôtel de Ville, à la Préfecture de police, partout, verrez-vous les républicains protéger au péril de leur vie l'uniforme détesté et menacé. Quand viendra l'heure du dénigrement sans danger, les lâches du jour, calomniateurs du lendemain, ne tariront pas en pleurs tardifs sur le chiffre énorme de ces martyrs du devoir militaire. Eh bien ! consultez le relevé officiel du

1er mars. Sur 3,600 hommes que comptait la garde municipale, combien en a-t-elle perdu, en trois jours de combat sur cent points à la fois? Vingt-deux. Assurément ce sont vingt-deux existences à regretter. Mais le peuple a laissé, hommes et femmes, non pas vingt-deux, mais deux cent six des siens sur le carreau. D'ailleurs, attendez : à quatre mois d'ici des luttes plus vives s'engageront ; vous compterez le nombre des exécutions *après le combat*, et vous comparerez !

Le voilà donc déchaîné, ce tigre populaire qui devait tout déchirer, même ses gardiens ! Les voilà enfin, ces hordes de bandits, de brigands et de pillards qui ne se battent que pour la curée ! Certes, la curée est belle. Il y a toute une grande ville à mettre à sac. Qui s'y oppose? Rien, personne. L'autorité a disparu, la garde nationale est sans force, l'armée débandée, le désordre à son comble. Or, regardez-y de près; et, si le délire de la peur ne vous trouble pas la vue, vous trouverez votre tigre doux comme un agneau. Vous verrez des pieds nus et des estomacs à jeun garder les trésors de l'Etat et les fortunes privées. Le roi déchu s'évade en fiacre comme un failli vulgaire, sous le feu croisé des lazzis, noble vengeance, digne à la fois du caractère et de l'esprit français. Les membres de la famille royale s'échappent par toutes les routes, et nul ne songe à les poursuivre. Les ministres exécrés! Les Polignac de 1848! On ne se demande même pas ce qu'ils sont devenus. Il faut qu'une cour royale (royale!) fasse du zèle et les décrète d'arrestation pour que le peuple daigne se rappeler leurs noms. On dit qu'ils se cachent; on dit qu'ils tremblent : ils ont grand tort; ils feraient mieux de se présenter bravement à M. Caussidière, qui s'empresserait de leur délivrer des passe-ports.

A l'exception de quelques dégâts, commis par des bandes isolées qui n'étaient pas du peuple, car elles se composaient de ces hommes impurs et flétris que la société a rejetés de son sein, l'histoire écrira pour la glorification du peuple et pour l'honneur de notre pays qu'une grande révolution s'est opérée en France sans guerre civile, sans vengeance et presque sans effusion de sang. Elle ajoutera que les propriétés ont été respectées, que la liberté des personnes n'a subi aucune atteinte, et que, loin de s'accroître comme on aurait pu le craindre dans cet interrègne des lois, les crimes et les délits ordinaires ont même diminué d'une manière notable pendant toute la période révolutionnaire. Trouvez-moi donc un corps de magistrature en toques qui vaille la magistrature du peuple en personne!

Le peuple a-t-il encore des ennemis à combattre? Oh, oui! voici venir le plus cruel de tous, le plus implacable, l'ennemi invisible, insaisissable, qui vous attend, non pas en face dans la rue, mais sur le seuil de votre foyer nu et glacé, la MISÈRE! Si le peuple n'était mû par la foi qui engendre le dévouement; s'il calculait froidement les conséquences matérielles et immédiates d'une révolution, comme un homme d'affaires chiffre à l'avance les résultats d'une spéculation, oh! certainement le peuple n'interviendrait jamais sur la scène politique. Pour lui, la victoire se traduit tout d'abord en souffrances. Son pain quotidien, fort peu garanti la veille, devient encore plus incertain le lendemain. Que dis-je? il s'évanouit tout à fait avec le travail, qui en était la source. Les classes aisées souffrent aussi, je le reconnais, les revenus décroissent, les rentrées se font mal; toutefois on peut attendre. Mais ce qui n'est que gêne pour le riche, s'appelle détresse pour le pauvre. Le crédit s'en va, les payements se suspendent, les commandes s'arrêtent; les riches déménagent, les portefeuilles des banquiers restent engorgés de valeurs douteuses, fruits des folies de 1846 et 1847, et qui rendent toute liquidation impossible. Pas un négociant qui puisse se rendre un compte exact de la situation de ses propres affaires, encore moins de celles d'autrui. Panique universelle ! Adieu le travail et le pain ! Et pour combien de temps ? Quand les affaires reprendront-elles ? Autre anxiété plus terrible encore ; ni jour ni lendemain ! Aussi, malgré le dénoûment à jamais déplorable de ce grand drame de la misère, elle restera sublime, cette offrande des affamés à la patrie : *Nous avons trois mois de misère au service de la République !*

Et la parole fut religieusement tenue, je le soutiens et je le prouverai. Si la promesse n'eût pas été sincère, eût-on attendu pour la violer la présence d'une assemblée régulièrement élue, forte comme la nation elle-même, et plus puissante contre une insurrection que toutes les monarchies du monde réunies ? Non. Ce qui eût été facilement assailli et culbuté, c'eût été le gouvernement provisoire, qui ne tenait ses pouvoirs que des circonstances et ne reposait que sur le dévouement du peuple.

Paris était sans troupes ; l'ancienne garde nationale sans force morale, parce que ses cadres restreints n'embrassaient pas l'universalité des citoyens ; la nouvelle n'existait encore que sur le papier. Or, il arriva qu'un jour, 17 mars, deux cent mille hommes, provoqués par une manifestation malencontreuse de la veille, où la main des royalistes se déguisait à peine, s'acheminèrent vers l'Hôtel de Ville en traversant Paris dans toutes les directions ; une foule immense, massée comme les épis dans un champ, afflue sur la place de Grève. Jusqu'aux confins de l'horizon, l'œil ne découvre qu'un océan de têtes mouvantes. La marée monte, les vagues viennent battre le seuil de l'étroite enceinte où siége, de par le salut public, un pouvoir éphémère, né d'hier pour mourir demain. Qui les arrête? Comment se fait-il que ce pouvoir d'un jour, sans gardes et sans titres réguliers, soit plus en sûreté qu'une monarchie de quinze siècles entourée de cent mille soldats ? C'est que le peuple se contient lui-même parce qu'il se sent souverain et qu'il a pris charge de gouvernement. Des paroles s'échangent, des mains se serrent. D'une part, on demande respect pour un Pouvoir qui n'est que l'image réfléchie du peuple lui-même ; de l'autre, on répond par des acclamations de confiance. De la misère, qui a déjà troué plus d'une blouse et creusé plus d'un estomac, pas un mot. Les provocations de la veille, on les dédaigne ; les suggestions des meneurs, on les repousse. Les rangs se rompent, on défile. La peur et la stupeur, aux fenêtres, regardent passer ce lion démuselé, en se demandant ce qu'il va faire. Or je voudrais savoir combien il y eut de vengeances exercées et de boutiques pillées ce jour-là, 17 mars 1848.

Tel a été le peuple, intrépide au combat, généreux dans la victoire, protecteur de l'ordre au milieu d'une crise effroyable, loi vivante en l'absence des lois, résigné devant la misère, confiant et naïf enfin jusqu'à la niaiserie, jusqu'à l'imprudence. Voyez plutôt !

Des clubs s'ouvrent. Paris et la France bouillonnent. Jette qui veut ses idées dans cette fournaise. Point de consigne à la porte. Point de brevet de patriotisme. Il suffit de se dire républicain, on est écouté avec ferveur. M. Baroche à Paris, M. Rouher dans le Puy-de-Dôme, M. Denjoy à Bordeaux, obtiennent des succès formidables. Sont-ce d'anciens ennemis connus et avérés qui paraissent ? tant mieux encore ! dans la République comme au ciel les meilleures places sont réservées aux pécheurs convertis. M. de la Rochejaquelein ne se dérobe que difficilement aux honneurs de l'ovation. Républicains! mais qui l'est plus qu'eux? Socialistes ! mais il va sans dire que la Révolution ne saurait se borner à des changements de formes. En avant les réformes sociales, la gratuité de la justice et de l'instruction, le droit au travail, l'abolition des impôts onéreux au pauvre, et que sais-je ! Et n'allez pas douter de la sincérité de ces messieurs : leur vertu s'indignerait, le peuple prendrait leur parti. Dirai-je pour ma part que j'ai failli être maltraité comme modéré dans un club ardent présidé par un légitimiste ! O Jacques Bonhomme ! toujours le même ! tes ennemis peuvent viser au prix de l'habileté. Pour toi, je te décerne, sans concours, faute de concurrents, le prix de la droiture. Pourquoi faut-il que tu y ajoutes une confiance aveugle et une incorrigible naïveté !

Les élections de l'Assemblée constituante s'accomplirent sous l'impression de ces baisers Lamourette. Passons sur les causes accidentelles ou secondaires, retard des élections, maladresses, surprises, intrigues, influence du clergé et autres. Ceci rentre dans l'histoire des partis. Quant au peuple, une pensée capitale inspira ses choix : la réconciliation.

Elle s'installe enfin, le 4 mai, cette Assemblée tant désirée, objet de tant de vœux, gage de tant d'espérances. Et que lui demande-t-on? De formuler librement sa pensée quelle qu'elle soit, par un mot, par une inspiration du cœur. Si c'est la République, va pour la République. Et, sans être mise aux voix, la République est acclamée d'enthousiasme, spontanément, à l'unanimité, dix-sept fois de suite, sur la proposition de M. Berger, maire et représentant des barricades. Sur la foi de ces acclamations, le peuple qui se presse autour de l'enceinte demande à féliciter ses représentants. Parmi ceux-ci bon nombre ne se prêtent que d'assez mauvaise grâce à l'accolade fraternelle, mais le peuple est trop ému pour bien lire ses destinées sur ces figures. Le peuple a trois bandeaux sur les yeux, la foi, l'espérance et l'amour. Les autres ont trois masques sur le visage, le calcul, la peur et la haine. On ne se voit pas face à face, on ne se connaîtra que trop tard, on ne se comprendra jamais!

Ici commence une ère nouvelle. La souveraineté n'est plus une abstraction philosophique. Le droit a pris corps. Il s'appelle *Assemblée constituante*. La parole passe du peuple à ses représentants. Quels sont-ils? d'où viennent-ils? que vont-ils faire? On ne connaît l'arbre qu'à ses fruits, dit l'Evangile. Si nous essayions cependant de la juger par ses racines! Les fruits ne viendront que trop tôt!

## VI

### Les partis au 24 février.

La République a été proclamée le 24 février 1848, à quatre heures du soir. Je n'affirmerais pas que les conspirations contre la République aient commencé à quatre heures précises ; mais ce que je tiens pour certain, c'est que la nuit ne sera pas descendue sur Paris sans couvrir de ses ténèbres plus d'une conspiration.

Les membres du gouvernement provisoire sont à peine en route pour l'Hôtel de Ville, que déjà les émissaires du parti bonapartiste y prononcent le nom du prince Louis; et le prince n'est pas loin; tout au moins fera-t-il grande diligence, car vous le trouverez sur la place le lendemain, parlant au peuple de son *héroïsme* et se rangeant *sous le drapeau de la République*, sans autre ambition que de *servir son pays*. Quelle humilité! L'ambition de servir? Est-ce qu'à l'état de prétendant on peut en afficher d'autre?

M. de Larochejaquelein se trouve là aussi l'un des premiers, le verbe haut, les cheveux en désordre, le visage épanoui. Mais, bien qu'il déclame en termes amers contre la famille d'Orléans, croyez-vous, là, de bonne foi, la main sur le cœur, que M. de Larochejaquelein vienne faire les affaires de la République? Vous l'estimez trop pour cela!

Un autre personnage pénètre aussi à l'Hôtel de Ville, et plus facilement qu'il n'en sortira. Pour M. Léon de Maleville, comme pour les anciens membres de l'opposition dynastique, la partie de la régence n'est pas perdue. L'armée n'a pas dit son mot. L'armée s'est retirée du champ de bataille, il est vrai, mais sa retraite n'est pas une déroute. La bourgeoisie parisienne, victorieuse le 23 février, victorieuse encore le 24 au matin, s'accommoderait assez d'un gouvernement faible qui lui laissât toute sa prépondérance reconquise. Que députés et pairs, retrouvant un peu de courage, se reforment quelque part, prennent des mesures, donnent des ordres, et le reflux peut rapporter à la famille d'Orléans sa couronne emportée par les premières vagues. Il est permis enfin de ne pas désespérer lorsque dans la soirée même on reçoit, d'un membre d'un gouvernement républicain, une lettre ainsi conçue : « *Les fous que vous savez ont « proclamé la République. Empêchez la du- « chesse d'Orléans de se montrer, le moment « n'est pas propice.* »

Ces tentatives, ces espérances, je ne les incrimine pas. Dans cette deshérence de l'autorité, toutes les prétentions pouvaient honnêtement se produire. M. Louis Bonaparte n'était pas tenu de se ranger *sous les drapeaux de la République*. M. de Larochejaquelein n'avait jamais prêté, que je sache, le moindre serment à la démocratie. Quant aux partisans de la régence, ils avaient même eu pour eux, pendant quelques heures, une apparence de possession d'Etat. La partie est-elle définitivement abandonnée ? Mais à des hommes de cœur il reste un rôle fort honorable : s'abstenir et refuser son concours, sans aller toutefois jusqu'aux hostilités ouvertes. Qui vous le reprochera? Qui vous demande rien de plus? Mais acclamer bruyamment la République, mais offrir ses services, mais afficher son zèle, mais prendre dans le gouvernement des positions importantes, tout en caressant des espérances contraires ; mais placer ainsi un gros mensonge entre son cœur et ses lèvres; oh! je ne serai qu'un niais toute ma vie, j'en ai peur, je ne saurai jamais concilier ces allures avec les règles les plus vulgaires de la probité!

La République, dès son premier pas. rencontre un écueil aussi dangereux qu'imprévu : elle n'a plus d'ennemis!

Je crois voir un malade guéri subitement d'une plaie à la surface du corps. Miracle! une légère friction, et tout a disparu! Oui, mais le virus morbide est resorbé des extrémités sur un organe vital. Le malade n'en mourra pas, je l'espère bien; mais quels seront désormais les remèdes assez énergiques pour opérer une cure radicale?

Il ne faut émigrer *ni au dehors ni au dedans*, disait alors M. Thiers à ses amis. Ulysse et Sinon n'émigrèrent pas non plus; mais, désespérant d'abattre Ilion par la force, ils s'y glissèrent par ruse dans un cheval de bois pour ouvrir les portes à l'ennemi.

Le 25 février au soir, chez un ancien député de l'opposition que je pourrais nommer, se réunirent et se groupèrent, comme les oies dans l'orage, MM. Thiers, Léon Faucher, Duvergier de Hauranne, Abattucci et autres collègues d'infortune. Les débats s'ouvrirent sur la conduite à tenir.

Un trembleur de ma connaissance débuta par dire : J'ai cinquante mille livres de rente, mais j'en donnerais bien une moitié pour sauver l'autre.

— Dame ! poursuivit son voisin, il faut s'exécuter. Il faut des sacrifices. Le peuple a droit à de larges concessions. La conquête de ses droits politiques ne lui suffira pas. Ce qui vient de s'accomplir, c'est mieux qu'une révolution politique, c'est une révolution sociale. Le règne des priviléges est fini, bien fini. Considérons-nous comme à une nouvelle nuit du 4 août , et voyons les sacrifices qu'exige la justice autant que la nécessité.

— Eh bien ! dit un troisième, que l'instruction soit déclarée *gratuite et obligatoire*. C'est par là qu'il faut commencer : l'instruction est le premier droit des peuples, et le premier devoir des gouvernements.

— Que la justice soit déclarée gratuite aussi, ajouta le suivant, qu'on la débarrasse de ses formes surannées, coûteuses et compliquées, qui en interdisent l'accès aux pauvres. Il va sans dire que la magistrature ne saurait conserver le privilége de l'inamovibilité dans une République où toutes les fonctions seront essentiellement temporaires.

— Tout cela est bel et bien, répliqua un économiste, mais ce qu'il faut, avant tout, aux classes pauvres, c'est la vie à bon marché. Et vous ne l'obtiendrez jamais sans l'abolition des impôts onéreux, des taxes indirectes et des octrois.

— D'accord ; tout notre système d'impôts est à refondre ; mais il y a des questions d'un ordre supérieur qui se posent déjà dans les masses et qu'il nous faut aborder résolûment. Que pensez-vous du droit au travail ?

— Il me paraît hors de conteste, répond le premier interlocuteur.

— Assurément, répliqua l'économiste, s'il y a au monde un droit sacré, c'est celui de vivre en travaillant. Toute société qui ne garantit pas à l'homme de bonne volonté une occupation utile est radicalement mauvaise. Et comme l'organisation du travail suppose au préalable l'organisation du crédit, il nous faudra, par de bonnes institutions, démocratiser le crédit et le mettre à la portée de tout le monde.

— Un instant! s'écria le trembleur, voilà tout un programme socialiste, où je ne m'y connais pas. Pour ma part, j'y souscris volontiers. Je l'ai dit : je suis prêt à sacrifier la moitié de ma fortune à la République. Mais nos idées, qui sont les idées du jour, est-ce à nous de les appliquer? Nous sommes suspects, on ne nous croira pas. Une ère nouvelle veut des hommes nouveaux : effaçons-nous, quittes à reparaître si le reflux de la Révolution vient nous remettre à flot; auquel cas, libres de tout engagement, nous recueillerons les bénéfices de notre abstention.

— La peur est la pire des conseillères, répliqua vivement un homme d'Etat qui sortait de sa cave. Nous abstenir! mais ce serait nous faire oublier à tout jamais! J'ai quelque expérience des révolutions, croyez-moi. Avec les révolutions, il n'y a qu'un bon parti à prendre: se jeter en travers! on se ferait écraser; se traîner à la queue! on serait remorqué. Mettez-vous hardiment à la tête, et vous les dirigerez.

Votre concours sera réclamé bientôt, car on ne se passe pas comme on croit du concours des hommes qui ont pratiqué les affaires. Offrez votre concours. On vous demandera des gages, donnez-en le moins possible; évitez les promesses précises. Mais à tout prix faites-vous accepter. Plus tard, on verra.

Là-dessus se termina cette première conférence dont j'affirme l'ensemble et même les détails sur la foi d'un très-honorable témoin qui y prit part. Mais la réaction insoumise n'était pas là tout entière. A deux pas se formait un comité composé des chefs du parti légitimiste et du parti catholique, qui, déjà, méditaient d'accaparer à leur profit la Révolution. Là siégeaient, entre autres amis du peuple, M. de Montalembert, M. de Falloux, M. de Vatimesnil, M. le duc de Noailles, M. le comte Beugnot, etc., etc. Un programme fut arrêté aussi. On y lisait en gros caractères :

Liberté de l'enseignement!
Liberté des cultes!
Liberté de conscience!
Liberté de la presse!
Liberté d'association!
Liberté de réunion!

Liberté! liberté! Qui en veut? en voilà. Qui en veut encore? nous en avons à revendre. Le tout débité sur la place publique, sous le cachet de M. de Montalembert qui, six semaines auparavant, dans un discours frénétique, applaudi par la Chambre des pairs, vouait toutes les libertés à l'exécration! Ah çà! mais il a donc sur les yeux une cataracte grosse comme une montagne; mais il est donc voué aux ténèbres éternelles, ce peuple qui persiste à confier à M. de Montalembert la garde de ses libertés!

Liberté! le mot est rude à prononcer pour des apologistes de l'inquisition; mais, que voulez-vous? Le peuple veille encore, debout, autour du berceau de la Révolution. Il faut bien offrir quelques gâteaux à Cerbère. Plus tard, on lui jettera des boulettes. Ici comme ailleurs, les programmes secrets finissent par ce *post-scriptum* tacite : On verra!

*On verra!* Que de choses dans ces trois syllabes! Remarquez bien de quel ton cela se dit, à voix basse, d'un signe, d'un geste, et vous y découvrirez tout un plan de campagne.

Accepter d'abord la République avec toutes ses conséquences; entonner des hymnes à la Révolution; glorifier ses martyrs; souscrire pour les blessés de Février; épuiser le vocabulaire des éloges pour le plus sublime des peuples, *dont la générosité et la délicatesse surpassent de beaucoup celles de beaucoup de corps politiques qui ont dominé la France depuis soixante ans* (*M. de Falloux*); proclamer le grand principe de la solidarité humaine; réclamer le droit pour tous; déclarer qu'on ne saurait toucher *au droit d'un seul individu sans que ceux de la nation tout entière soient menacés* (*M. de Vatimesnil*); protester contre toute pensée de réaction; s'indigner à ce mot; traiter de calomniateurs ceux qui osent le prononcer (*Assemblée nationale*); imiter le diable que Dieu forçait à louer les saints; appeler les bénédictions du ciel sur les arbres de la liberté, tout en empoisonnant l'eau bénite qui doit les arroser : c'est la première partie du programme, et, par le dieu de Thersite, par le dieu de Moron, je vous jure bien que M. Fould et M. Véron n'y manqueront pas.

En même temps, raviver les vieilles haines; rappeler la distinction des classes; pousser le peuple contre la bourgeoisie et la bourgeoisie contre le peuple; exciter l'une, agacer l'autre; prêcher la confiance à Paris et semer la défiance dans les départements; menacer la capitale de la réaction des provinces, et effrayer les provinces du mouvement de Paris; réveiller des souvenirs pénibles, évoquer les ombres de la Terreur; mener le deuil de la religion, de la famille et de la propriété, qui se portent fort bien et que personne ne menace; distinguer entre le gouvernement et ses agents; dénoncer les subalternes à leurs chefs et ceux-ci aux populations; s'agenouiller devant des hommes qu'à distance on fait passer pour des satrapes; répandre, enfin, mille petits bruits calomnieux qui font tout doucettement leur chemin jusqu'à ce qu'il s'ensuive un discrédit complet : c'est la seconde partie du programme, et, par le dieu de Tartufe, par le dieu de Basile, je vous jure bien que M. de Montalembert et M. de Falloux n'y manqueront pas.

Épier les fautes inévitables d'un gouvernement de révolution; lui susciter des embarras, et lui soutirer ses ressources; mettre en fuite les capitaux par la panique et redoubler les craintes par la disparition des capitaux; créer la misère pour s'en faire une arme; acculer la République à la déplorable ressource des contributions extraordinaires, et s'armer contre la République de l'impopularité de ces mesures;

grandir le fantôme du communisme afin qu'il projette son ombre sur toute la République; lancer les socialistes sur les communistes; les républicains sur les socialistes; ceux du lendemain contre ceux de la veille; M. Ledru-Rollin contre M. Louis Blanc, M. de Lamartine contre M. Ledru-Rollin, comme plus tard on lancera M. Cavaignac contre M. de Lamartine, M. Bonaparte contre M. Cavaignac, M. de Joinville contre M. Bonaparte, et le comte de Chambord contre tous; intriguer, cabaler, diviser, diviser surtout, souffler même le feu de la sédition par des émissaires secrets, afin que, de guerre lasse, la France en ruine demande un roi : c'est la troisième partie du programme, et, par le Dieu de Machiavel, par le Dieu de Talleyrand, je vous jure bien que M. de Broglie et M. Molé n'y manqueront pas.

Cette histoire des partis, cette comédie qui eût passé, il y a trois ans, pour le cauchemar d'un fou malade, elle s'est déroulée sous nos yeux, elle continue, et nous ne savons trop comment elle finira, *nec deus intersit*, c'est-à-dire à moins que le peuple ne remonte sur la scène, ne chasse les acteurs et ne fournisse le dénoûment demandé.

Le premier acte surtout a été joué avec ce

talent consommé qui laisse place à toutes les illusions. Les adhésions à la République ont eu un caractère de spontanéité, d'universalité, d'enthousiasme et d'élan, qui devait tromper tout le monde. Maréchaux, généraux, anciens aides de camp, anciens familiers du château, anciens ministres, anciens députés, anciens pairs de France, évêques, magistrats, corps administratifs, fonctionnaires de tout ordre, grands propriétaires, riches banquiers, négociants, notables, tous à l'envi, et sans se concerter, se sont empressés d'apporter leur dévouement aux pieds de la République; comme si le salut pour eux eût été le prix de la course, et quelquefois, pourquoi ne le dirais-je pas, le prix de la bassesse. Jamais gouvernement ne fut salué d'autant d'acclamations. Jamais gouvernement n'eut plus de raisons de se croire et de se dire légitime. Et c'est là ce qu'on ose traiter aujourd'hui d'escamotage! Mais, au nom du ciel, ayez donc quelque souci de la dignité de tout un peuple, si ce n'est de la vôtre. Ne faites pas écrire par l'histoire qu'une nation de trente-six millions d'hommes se soit laissé imposer par une poignée d'insurgés une forme de gouvernement qui lui répugnait, sans que, des Alpes aux Pyrénées, de Dunkerque à Toulon, une seule voix se soit élevée pour protester contre cette usurpation !

De la part du peuple, l'adhésion fut franche et sans réserve. Parmi les hommes politiques qui appartenaient à l'école du passé, j'admets aussi que bon nombre se soient subitement convertis à la lueur des éclairs de Février, comme Saul sur le chemin de Damas. J'en sais, et des plus importants, qui n'ont pas chancelé depuis dans leur foi nouvelle. De persécuteurs ils se sont faits les amis, les appuis, les conseils éclairés des républicains. Mais, quant à ce qu'on nomme les chefs de parti, je ne leur ferai jamais l'honneur de croire à leur sincérité, ni dans le présent, ni dans le passé. Et, chose remarquable, les protestations les plus menteuses sont précisément les plus chaleureuses. Pour vous en convaincre relisez, si vous en avez le courage, les professions de foi, les écrits du temps, la *Patrie*, l'*Assemblée nationale*, l'*Union*, le *Constitutionnel*, tous les journaux enfin qui ont entonné depuis un si beau concert de hurlements contre la République !

Je ne me sens plus la force de remuer toutes ces archives de l'apostasie. Un écrivain courageux, M. de Girardin, y puise de temps à autre pour lancer quelques traits à ses adversaires. Si M. de Girardin croit les atteindre, il se trompe. Ces messieurs habitent des régions bien supérieures à la droiture et à la probité, vertus vulgaires, bonnes, comme la religion, pour le peuple, mais trop gênantes pour les évolutions des partis. Leur réponse d'ailleurs est écrite tout au long depuis deux siècles dans le cinquième acte du chef-d'œuvre de Molière. *La maison est à eux, ils vous le feront connaître*. Ils ne commenceront à rougir ou plutôt à pâlir qu'à l'approche de l'exempt qui les saisira en flagrant délit.

# VII

## Le concours des royalistes.

Il y a quelques mois M. de Falloux publiait, dans la *Revue des Deux-Mondes*, une espèce de mémoire justificatif de la conduite de son parti depuis trois ans. Avec cette ironie de bon goût qui perce à peine sous les phrases polies de l'homme bien élevé, il retraçait avec complaisance les services sans nombre rendus à la République par lui et par ses amis. Les conclusions du mémoire se tiraient d'elles-mêmes. Après d'aussi éminents services on avait bien le droit de se déclarer quitte envers la République et de porter son dévouement ailleurs.

Peut-être aussi M. de Falloux éprouvait-il le besoin de justifier ces paroles qu'il prononça un jour à la tribune de l'Assemblée constituante :

« La République a été fondée ici, le 4 mai, « le jour où, en présence de la population de « Paris tout entière, à la face d'un soleil *ra-* « *dieux comme les cœurs* et les visages, nous « sommes venus tous ensemble, *sans exception*, « proclamer la République. »

Autres temps, autres phrases. Il est convenu aujourd'hui que personne n'a proclamé la République. La moindre allusion à ces souvenirs soulève dans les rangs de la droite des tonnerres d'imprécations. On dirait un chœur de damnés, s'écriant : Non, nous n'avons jamais péché, le *Moniteur* en a menti !

Mais, de son propre aveu, M. de Falloux a péché. Aux yeux des purs de son parti, il est coupable d'avoir mis son talent, son zèle, ses veilles et jusqu'à sa santé au service de la République. Ah ! que n'est-il resté innocent?

Les premières traces du concours des royalistes, on les retrouve dès les premiers pas de la Révolution. Qu'il me soit permis de placer ici un souvenir tout personnel.

Au nombre des embarras légués par la monarchie à la République, figuraient les dépôts des caisses d'épargne. Convertis en rentes sur l'Etat, ces dépôts, qui s'élevaient à près de quatre cents millions, n'étaient plus disponibles. Les déposants n'en réclamaient pas moins leurs fonds avec fureur. A la porte de la caisse d'épargne de mon département se pressait une foule tumultueuse. Faute de finances, nous ne pouvions l'apaiser, mes amis et moi, que par des promesses et des exhortations à la confiance. Et, à ce sujet, je saisis l'occasion de rendre à M. le receveur général, pour son zèle et son désintéressement, un hommage mérité.

Il fallut convoquer MM. les administrateurs de la caisse d'épargne. D'autres citoyens notables se présentèrent. Tous ensemble, on convint de réunir ses efforts pour dissiper des alarmes sans fondement. Une proclamation fut affichée dans ce but. On en attendait les plus heureux effets.

Le dimanche suivant, à mon grand étonnement, l'affluence redouble. C'est presque une émeute. Les femmes surtout se distinguent par leurs vociférations. C'est par centaines de mille francs que se chiffrent les réclamations. Eh quoi ! la ville est tranquille, la République n'y rencontre pas un dissident. Ceux qui, par conviction ou par reconnaissance, auraient bien le droit de s'abstenir, se montrent les plus empressés, et les inquiétudes redoublent en proportion des marques de confiance qu'on nous prodigue ! D'où cela peut-il venir ?

L'idée me vient de compulser sur les registres les noms, la qualité et la situation présumée des réclamants. Et, dès la seconde page, je m'écrie : Nous sommes trahis ! Quels étaient donc ces créanciers qui ne pouvaient accorder une heure de répit à la République ? Les domestiques des royalistes, les ouvriers des royalistes, tout ce qui, de près ou de loin, subissait l'influence des royalistes. Au grand jour, on nous disait : Nous vous aiderons, comptez sur nous. Dans l'ombre, on disait aux êtres faibles, aux femmes surtout, que la peur talonne toujours : Allez vite retirer votre argent, sinon il est perdu !

Je pris la plume, et, dans un journal que je rédigeais alors, je signalai ces manœuvres en menaçant de publier les noms si elles se reproduisaient. Aurais-je exécuté cette menace ? Mes amis, mes ennemis eux-mêmes, si j'en ai, savent aujourd'hui à quoi s'en tenir. Mais alors on pouvait le craindre, et la publication de certains noms en de certains jours a bien sa gravité. Ce fut fini, tout s'apaisa.

Si les choses se passaient partout ainsi, et tout m'autorise à le croire, par ma foi, la République doit de belles actions de grâces aux amis de M. de Falloux !

Je me place à un autre point de vue. En dehors du cercle des fonctions politiques (ces messieurs n'y prétendaient pas encore), il existe d'autres fonctions, sociales en quelque sorte, et qui n'ont pas une moindre importance. La grande industrie et la grande propriété ont des devoirs : richesse oblige. En dépit de l'égalité que la France a prise pour enseigne, il dépend encore de vingt-cinq mille familles en France d'accélérer le mouvement de la vie sociale en surexcitant le travail par des comman des, ou de le suspendre par l'abstention. Et c'est, dans un sens, le concours le plus simple et le plus utile, comme dans l'autre, la plus commode et la plus perfide des conspirations. Demandez à la monarchie de Juillet de quel poids a pesé sur l'essor de la prospérité publique, pendant ses premières années, l'isolement dédaigneux des légitimistes. Or, s'il est des cas où le travail, toujours nécessaire, devienne indispensable aux classes qui en vivent, c'est assurément dans les premiers jours d'une révolution. Et, s'il y a des familles qui doivent y compter, ce sont avant tout celles qui, sur la foi des traditions, sont restées des trente années durant courbées sur la même glèbe, clouées au même métier. Maintenir alors son train de maison, continuer son train de culture, faire les mêmes dépenses, devancer au besoin et au prix de quelques sacrifices, des travaux de construction ou de réparation projetés, ce n'est point une obligation positive, je le sais, elle n'est pas écrite dans nos Codes, mais ce n'en est pas moins un devoir de bon citoyen. Eh bien! ce devoir, comment fut-il rempli? Pourquoi ces hôtels abandonnés? Où vont ces équipages qui fuient sur toutes les routes? Et dans les provinces, comment se fait-il que ce mur, à moitié construit, ne s'achève pas; que ce fossé se remplisse d'eau, que ces vignes ne se taillent point, que ces champs même ne se cultivent plus? J'entends bien la réponse, c'est celle de la chanson : *Dieu nous afflige; nous sommes pauvres, mon cher fils*. Que je vous plains! Mais, encore un peu de temps et vous serez riches! Et alors, reprenant l'arrogance qui sied si bien à la prospérité, vous donnerez du travail contre des bulletins de vote, ou vous répondrez : — Allez demander du travail à la République !

J'ai vu souvent s'exercer sur les boulevards une industrie que la police ne devrait pas tolérer. Des misérables tiennent des oiseaux en cage et se font acheter leur liberté par les passants apitoyés.

J'ai vu dans l'histoire, et je le cite souvent comme le *nec plus ultrà* de l'hypocrisie, j'ai vu un empereur tenir un pape en cage et faire dire des prières dans toute la chrétienté pour sa délivrance.

J'ai vu enfin des gens prier dans les églises pour la prospérité de la République qu'ils affamaient par leurs économies calculées.

C'était le concours des royalistes,

C'était la parole tenue par M. de Falloux et ses amis.

Ainsi :

Les ouvriers pauvres disaient : Nous avons trois mois de misère au service de la République.

Et les fainéants riches répondaient : Nous aurons bien trois siècles de rancunes, mais nous n'avons pas trois jours, trois heures, trois écus de bonne volonté au service de l'humanité.

Il est vrai que ceux-ci étaient les *honnêtes gens !*

# VIII

## La *Patrie* et les Commissaires.

Je ne puis sortir de ce 25 février, tout m'y arrête : et la grandeur des événements, et l'étrangeté des parades qui se jouaient à tous les carrefours. Mais il me faut laisser la parole à la *Patrie*. Vous connaissez la *Patrie?* c'est un journal en crédit, à tel point que pour les annonces officielles il a le plus souvent vingt-quatre heures d'avance sur le *Moniteur*. Les *amis de l'ordre* n'ont pas d'organe plus dévoué. La *Patrie* jouira donc auprès de mes lecteurs d'une autorité à laquelle je ne saurais prétendre. Et puis je n'ai jamais été assez révolutionnaire pour écrire ceci :

« Les départements suivront tous le *sublime* « *mouvement de Paris*. Mais il y a dans les dé- « partements, à la tête des divers services, *des* « *hommes habiles dans la trahison* qui feindront « d'accepter le régime républicain, nourrissant « dans leur cœur *de coupables espérances*; hier « courtisans du monopole, ils se feront les « courtisans du peuple, *platement, avec des* « *haines sous leur platitude*.

« Il faut des hommes nouveaux aux choses « nouvelles.

« Le Gouvernement provisoire enverra donc « immédiatement dans chaque département un « commissaire du Gouvernement provisoire « *pour révolutionner le département*, c'est-à-dire « remplacer les hommes et les systèmes, faire « rentrer *dans le mépris public, dans lequel ils* « *ont vécu, les hommes de la corruption et des* « *abus*.....

« Nous le disons de toutes nos forces.....

« L'envoi des commissaires *est l'œuvre la* « *plus urgente*... La France entière saluera ces « commissaires avec acclamation...

« Soyez grands comme la justice, *terribles* « comme elle, etc., etc. »

Ouf! l'haleine me manque. Ce style me donne des vertiges, je n'y suis pas fait; vite un coup de pouce à la lanterne magique, le tableau va changer.

Ces commissaires, sollicités en termes aussi pressants, comment sont-ils accueillis par les néophytes de la République? Très-bien, à la seule condition de ne toucher à rien des hommes et des choses du passé, d'arrêter dans les départements le *sublime mouvement* parti de Paris, de conserver à leur parti les hommes *habiles dans la trahison*, d'encourager leurs *coupables espérances*, en un mot, de ne point *révolutionner les départements*. Les commissaires seront même l'objet de caresses toutes particulières, *sans platitude* bien entendu, pourvu qu'ils consentent à favoriser l'élection de tels et tels personnages, de M. Baroche, par exemple, qui arrivera sous leur couvert à l'Assemblée constituante.

Mais, pour peu qu'ils essayent de faire rentrer *dans le mépris dans lequel ils ont vécu les hommes des abus et de la corruption*, haro! Il n'y a sorte de petites tracasseries qu'on ne leur suscite, de petites misères qu'on ne leur fasse, d'émeutes qu'on ne provoque, de guerre sourde qu'on n'organise contre ces pauvres commissaires. Ici un général refuse d'obéir, là un maire se perpétue dans les fonctions, malgré l'arrêté qui l'a suspendu. Ailleurs, c'est l'évêque qui maintient dans sa paroisse un prêtre séditieux. Contre le représentant de l'autorité centrale, on soulève l'esprit de liberté dont les communes sont si jalouses; contre l'étranger, les amours-propres de localité. Le commissaire prend-il une mesure populaire, la garde nationale, gardienne des vieux priviléges, dresse ses batteries contre la préfecture. S'appuie-t-il sur la garde nationale, c'est le peuple qu'on ameute contre lui dans des clubs forcenés, organisés le plus souvent par des royalistes. A l'ouvrier sans travail qui souffre et jeûne (on doit savoir pourquoi), on a grand soin d'apprendre que le préfet nouveau reçoit 40 fr. par jour, sans ajouter que le traitement de l'ancien préfet, dans certains pays, s'élevait au double. Allez ! braves gens, votre tâche est rude, mais aussi vous savez la récompense qui vous attend de la part des gens que vous aurez sauvés de leurs peurs..... la calomnie !

Y a-t-il injures, insultes, impostures, outrages, qu'on n'ait semés et répandus par des milliers de bouches et par des milliers d'écrits contre les commissaires du gouvernement provisoire? Terribles proconsuls, qui, tout en flairant la trahison, n'ont pas ordonné une seule arrestation ! Fonctionnaires rapaces qui en ont été pour leurs frais de déplacement! Mais aussi, pourquoi ne portaient-ils pas de manchettes ?

Que les choix n'aient pas tous été des plus heureux, je suis trop impartial pour n'en pas convenir. Ainsi, certain arrondissement de la Seine-inférieure a eu le malheur d'être administré par un repris de justice. Mais quel dommage, en vérité, pour les déclamateurs, que ce malheureux n'ait été nommé que sur la recommandation expresse de l'archevêque de Paris !

La Révolution de février, au surplus, n'est pas la seule qui ait livré la France aux commissaires. Je ne parle pas des agents électoraux de la réaction, je veux dire de la religion, de la famille et de la propriété, qui se font condamner pour escroquerie par les tribunaux correctionnels ; j'entends de beaux et bons commissaires généraux et spéciaux, tels que nous en a donnés, à son joyeux avénement, la douce, clémente et bienheureuse Restauration de 1815.

Les commissaires d'alors, je ne sais s'ils devaient leurs nominations à des archevêques. J'ignore également s'ils ont rendu leurs comptes, et si la chambre ardente de 1815 s'est montrée aussi bienveillante pour eux que M. Ducos pour les nôtres. Je veux croire à leur honneur qu'ils ont rempli leurs missions *gratis,* sauf les 12 millions en or du trésor de l'empereur, qu'ils avaient pillé dans des fourgons sur la place du Carrousel. (Voir l'*Histoire* de M. de Vaulabelle et les *Mémoires* de M. de Chateaubriand.) Mais ce que je sais parfaitement, c'est que les populations tremblaient sur le pssaage de MM. les commissaires généraux et spéciaux de 1815. La délation avec primes était à l'ordre du jour, les dénonciations pleuvaient, les arrestations se multipliaient, les prisons regorgeaient. On ne promenait pas la guillotine de ville en ville, non ; mais, sous les yeux des commissaires, on chassait au patriote, dans tout le Midi, au fusil et au couteau. Mais on assassinait publiquement à Avignon, à Nîmes, à Uzès, à Montauban et à Toulouse. On assassinait juridiquement à Paris, à Lyon et à Bordeaux. C'était le bon temps.

Oh! je sais bien ce qu'on me répondra! On me répondra que MM. les commissaires portaient des manchettes, et qu'ils étaient tous chevaliers, barons, comtes, marquis, ducs, grands-ducs, voire princes légitimes de la famille royale, partant amis de l'ordre et les plus honnêtes gens du monde. Aussi je m'arrête et je m'incline. Ce que c'est que d'avoir réponse à tout!

# IX

## Les 45 centimes.

Au feu l'histoire ! Brisons la glace ! sinon j'en use encore, et tant pis pour qui s'y reconnaîtra ! Puisque ce bon peuple n'a pas de mémoire, ne faut-il pas que les écrivains du peuple en aient pour lui ?

Quand la République mit à la voile : Bon voyage ! se dirent ses ennemis ; le bâtiment n'a pas pour un mois de vivres. Avant un mois on s'y entre-dévorera.

La banqueroute, en effet, paraissait imminente. Déjà, dans la discussion de l'adresse, qui précéda de quelques semaines la Révolution de février, les orateurs de l'opposition, M. Thiers, M. Fould, M. Léon Faucher, M. Jules de Lasteyrie, avaient signalé l'état déplorable de nos finances et prédit une catastrophe. Une catastrophe en pleine paix! Que serait-ce donc en pleine révolution?

La dette flottante à elle seule atteignait presque un milliard : dette exigible, soit immédiatement, soit à courtes échéances. Pour avoir une idée de cette situation, demandez à un négociant sur quel oreiller il dormirait en face de lettres de change cinq fois plus fortes que son encaisse, et sans autres ressources que des rentrées incertaines et à long terme?

De plus, à payer, le 22 mars, 73 millions pour un semestre de la rente 5 0/0.

Ajoutez-y les dépenses considérables qu'entraînaient un peuple d'affamés à nourrir, la misère à combattre, et la réorganisation d'une armée qui au 1er mars n'aurait pas eu cinquante mille hommes à mettre en ligne contre l'Europe coalisée. Il y avait de quoi terrifier les esprits les plus aventureux!

Divers moyens se présentaient pourtant. Le plus simple consistait à ne payer personne. Il fut indiqué par un ami de l'ordre qui occupe aujourd'hui une position importante. Il n'y a que les honnêtes gens pour imaginer de pareils expédients. Les malhonnêtes refusèrent.

Mieux avisé, un banquier fort connu proposa un emprunt forcé sur les riches ; il se chargeait même d'indiquer le chiffre des fortunes. L'honnête banquier fut éconduit par M. Ledru-Rollin, qui a passé depuis pour un voleur.

Si au moins l'on avait pu compter sur le produit des contributions indirectes, qui forment les deux tiers des ressources de l'Etat ! Mais, outre le double mérite d'être inique et vexatoire au premier chef, le système des contributions indirectes jouit encore d'un avantage tout particulier, c'est que ses produits se réduisent et tendent à disparaître juste au moment où l'Etat en a le plus grand besoin. La moindre crise politique, économique ou commerciale, en tarit la source. Raison de plus pour prôner et maintenir ce régime, n'est-il pas vrai? Le crédit de l'Etat y gagne beaucoup. Voyez à quel taux l'Etat emprunte en offrant des gages aussi certains !

Tout emprunt devenant impossible, l'emprunt voté en 1847 ne se réalisant même pas ; le crédit privé aux abois tendant la main, non pour offrir des secours, mais pour en implorer ; les revenus indirects enfin décroissant à vue d'œil ; à qui s'adresser pour parer aux exigences d'une situation désespérée ? A l'impôt direct. Le Gouvernement provisoire décréta la contribution extraordinaire des 45 centimes. Ce n'est pas aux républicains à l'en remercier. Convenons toutefois qu'il fallut, à des hommes qui ne vivaient que de leur popularité, un certain courage pour se dévouer ainsi, sciemment, sans espoir de retour, à la plus cruelle, à la plus longue, à la plus implacable des impopularités.

Les 45 centimes ! c'est à cette embuscade que nous attendaient nos ennemis. Ils avaient prévu que le navire n'aurait pas pour trois mois de vivres. Quelle malice ! Ils avaient tout dévoré d'avance ! Ils n'oubliaient qu'une chose, les malheureux, c'est qu'ils étaient eux-mêmes à bord, simples passagers, si l'on veut, mais passagers des plus gras. Préféraient-ils être dévorés ? Je suis tenté de le croire ; ils faisaient tout pour cela. La haine ne calcule pas. Peu importe à Samson d'être écrasé par la chute de l'édifice qu'il ébranle, pourvu que ses ennemis soient écrasés avec lui !

Les 45 centimes ! Quel beau thème à exploiter contre la République ! Comment ! on a le bonheur d'avoir sous la main un peuple ignorant, crédule, étranger aux affaires de l'État, à ses propres affaires, un peuple qui n'a jamais vu dans le gouvernement qu'un fléau, et qui ne le connaît que par les mains crochues du percepteur et des commis; ce peuple, cet affranchi d'hier qui compte sur un gouvernement à bon marché, se voit, dès la première quinzaine, saigné et rançonné par un impôt nouveau ; et on ne lui dépeindra pas la République comme un fléau pire que tous les précédents ! Mais ce serait manquer aux premières règles de l'habileté politique !

L'étonnement douloureux du peuple se traduisit par ces paroles naïves des paysans bretons : A qui payer ? vous nous la baillez belle ! Il n'y a plus de roi !!! C'est là de la foi royaliste, si l'on veut, mais une foi qui assimile la royauté à la grêle et à la gelée ; je n'en suis pas trop jaloux pour la République. Il n'y a plus de roi ! c'est vrai : mais, d'abord, le roi ne mangeait pas 1,400 millions par an à lui tout seul : il eût été trop gras. Il y avait, comme il y a encore, des services publics à entretenir, la justice à rendre, les routes à entretenir, le territoire à protéger, outre une dette publique à payer, car le roi a fait des dettes pour votre compte, sans compter les siennes propres qu'il ne s'empresse pas de payer, bien qu'il soit plus riche que vous. La famille royale ne possédant guère, après son malheur, que 300 millions environ de terres au soleil, c'est-à-dire l'avoir de vingt mille familles dans l'aisance, de deux millions de familles dans l'indigence, je conçois que l'on s'apitoie sur son sort. Je conçois aussi que ses créanciers lui accordent du répit. Des amis officieux en profiteront pour racheter les dettes de leur roi à 40 pour 100 de profit pour lui et de perte pour ses créanciers. Mais vous, mes braves paysans, qui n'êtes pas riches et qui n'entendez rien à ces pratiques, payez! payez! ce ne sont pas les premières dettes de vos princes que vous acquitterez ainsi de vos sueurs. Pourvu que ce soient les dernières!

Mais je m'aperçois que je sonne la cloche à des sourds. Le paysan n'a vu et n'a pu voir, dans l'impôt des 45 centimes, qu'un surcroît de fardeau à porter. Il pliait déjà, il succomba. Et comme, pour lui, le roi avait toujours tout avalé, c'était nécessairement le nouveau roi, M. Ledru-Rollin, qui avait mis dans la poche de son gilet, en monnaie et en gros sous, les 150 millions que produisirent les 45 centimes, avec les cloches de Notre-Dame, et les tours en guise d'appoint.

Si les paysans avaient pu en douter, MM. les royalistes étaient là pour les convaincre. Trois ans se sont écoulés depuis, et dans les campagnes il circule encore des fables si absurdes, qu'elles déroutent le raisonnement, les preuves, la lumière, l'évidence. Voilà de bonnes gens qui ont l'âge d'homme et qui ne manquent pas d'une certaine finesse, car ils s'entendent aussi bien que d'autres à leurs petites affaires : essayez de leur donner quelque idée de notre mécanisme financier ; expliquez-leur comment la moindre somme versée et reçue se retrouve plus tard dans des comptes sévèrement épluchés par des magistrats spéciaux. Ajoutez qu'après de sottes criailleries, les ennemis de la République ont été forcés de rendre hommage à la stricte probité, mieux que cela, à la délicatesse, mieux encore, au désintéressement des parrains de la République ; vous aurez perdu votre temps : vous aurez versé de l'eau dans un vase hermétiquement clos. Vous perceriez plutôt le Mont-Blanc avec une vrille que la croûte d'ignorance soigneusement entretenue sur l'esprit du peuple par ses ennemis. Précieux bandeau qui ne permet qu'à l'imposture de passer! Les membres du Gouvernement provisoire ont empoché le produit des 45 centimes, c'est convenu!

J'ai eu le malheur de contribuer bénévolement, et pour ma faible part, au recouvrement de ce malencontreux impôt, et, je dois le dire, j'ai trouvé des plaintes partout, de la résistance nulle part. Le peuple se résignait. Les plus récalcitrants étaient généralement les plus aisés. Les propriétaires riches s'apitoyaient sur les souffrances des pauvres, et se plaignaient de la dureté des temps, tout en retirant de la Banque des fonds disponibles. C'est ainsi que va le monde. Les royalistes tricolores se gardaient bien de rappeler que la monarchie à bon marché avait débuté, en 1830, par un impôt extraordinaire de *trente centimes*, prélude d'emprunts successifs et ruineux. A plus forte raison les royalistes blancs passaient-ils sous silence, non pas les *trente centimes*, non pas les *quarante-cinq centimes*, mais bien les SOIXANTE CENTIMES EXTRAORDINAIRES imposés à son retour de Gand en 1815, par Louis le Désiré à ses bien-aimés sujets, sans compter 1° un emprunt forcé de *cent millions*; 2° *trente-cinq millions* pour l'acquis des dettes des princes à l'étranger; 3° *sept cent cinquante-deux millions* pour liquider les dettes de l'Empire ; 4° *sept cents millions* à nos bons amis les ennemis, à titre de frais de la guerre ; 5° *cent cinquante millions* pour entretenir trois années durant des Cosaques en France ; 6° *deux cents millions* pour restaurer en Espagne le plus misérable des rois ; 7° *un milliard* aux émigrés, qui en demandaient le double pour avoir ouvert à l'ennemi les portes de la France. Et notez bien qu'il ne s'agissait pas alors de remettre nos armées sur le pied de guerre ; non, puisqu'on licenciait sans solde les débris mutilés de Waterloo. On n'empruntait pas non plus pour ravitailler nos places fortes, réparer le matériel, remplir nos arsenaux, remettre les canons sur leurs affûts ; non, puisqu'on livrait canons, affûts, arsenaux et places fortes à l'ennemi. Mais je vais trop loin, je devrais imiter le silence discret des royalistes. Il n'est peut-être pas bon que le peuple sache toutes ces choses-là.

S'il n'était superflu aujourd'hui d'analyser les causes qui influèrent sur la composition de l'Assemblée constituante, nous remarquerions que le retard des élections y fut pour beaucoup, en donnant aux tronçons épars des vieux partis le temps de se rejoindre et de se coaliser contre la République ; mais il faudrait attribuer la plus large part à la gêne universelle entretenue par la réaction et retournée contre la République ; à l'impôt des 45 centimes habilement exploité ; au dénigrement systématique des actes du gouvernement, et à la calomnie qui commençait à siffler contre les personnes. Grâce à ces honnêtes moyens, les royalistes entrèrent en force dans l'Assemblée constituante. Le conseil de M. Thiers avait été suivi, on n'avait pas émigré. Loin de là, on se trouvait au cœur de la place : excellente position pour la démolir.

C'est ici, c'est à dater du 4 mai, que les services de M. de Falloux et de ses amis, rehaussés par des positions officielles, vont devenir plus éclatants que jamais.

## X

### 15 mai. — 23 juin.

Quatre dates résument la carrière politique de l'Assemblée constituante : 23 juin, 4 novembre, 10 décembre 1848, et 29 janvier 1849. Insurrection de Juin, vote de la Constitution, élection du président de la République, et complot du 29 janvier. Les incidents secondaires s'effacent devant l'importance de ces quatre événements.

Pour un républicain, pour tout homme qui a un peu de cœur, le drame sanglant du 23 juin, précédé du prologue grotesque du 15 mai, ne réveillera jamais que de poignants souvenirs :

une lutte fratricide qui laisse trois mille cadavres sur le pavé, et qui jette douze mille hommes, cadavres vivants, sur les pontons; cette lutte ne peut s'écrire qu'avec des larmes. Les royalistes en ont conservé de tout autres impressions, si j'en juge par le plaisir qu'ils éprouvent à rappeler à tout propos, et même hors de propos, ces déplorables journées. La République n'y a pas succombé, on a eu beau remuer le sang de Juin, il ne s'y est pas trouvé de couronne. Mais, si la secousse a profité à quelqu'un, ce n'est pas à la République, et pour les partis tout est bon qui profite. Apprendrai-je rien à personne en disant que les partis n'ont pas de cœur?

Je ne dis rien de trop. J'ai vu, j'ai observé, je recueille mes impressions et je raconte. Ce qui me paraît criminel, je l'appelle crime, quel qu'en soit l'auteur; mais, si je suis sévère pour les insurgés de Juin, il me sera bien permis, je l'espère, de faire à chacun sa part.

Qu'était-ce donc que le 15 mai? Une haute cour de justice a prononcé. Je connais par expérience le degré de respect que méritent, en matière politique, les arrêts de justice. Je ne suis pas tenu à la même réserve envers l'enquête parlementaire dirigée contre les auteurs du 15 mai par les bonnes gens qui auraient bien voulu, de cause en cause, remonter jusqu'au 24 février. L'enquête, je la laisse pour ce qu'elle vaut : une rancune ; les événements de 1848 sont tombés dans le domaine de l'histoire, et je ne sache pas que l'histoire se soit jamais inclinée impunément, et soumise devant l'autorité de la chose jugée.

Qu'était-ce donc que le 15 mai ? De cette foule qui envahit l'Assemblée nationale, retranchez, avec quelques raisons, le personnel très-exigu de quelques clubs, et il ne vous restera qu'une grosse étourderie populaire : rien de plus.

Que l'Assemblée se soit décerné à elle-même des couronnes civiques, qu'elle se soit donné de grands airs de sénat romain, rien de mieux : une Assemblée qui a l'honneur de représenter le peuple français doit passer pour héroïque avant tout ! J'aimerais assez cependant qu'on n'abusât pas trop de l'héroïsme ; pour ma part, bien que je n'aie pas quitté la salle des séances, je me soucie peu d'être transformé en héros à si peu de frais. Je veux bien croire que MM. les royalistes n'ont exagéré les périls courus qu'en vue de l'honneur du corps; pour eux, étant fort désintéressés, n'avaient-ils pas déjà fait leurs preuves au 24 février? Mais, en réalité, en présence d'une foule sans armes, et plus étourdie que malveillante, le danger le plus grave provenait d'une atmosphère étouffante. C'est bien ainsi qu'en jugeait M. Dupin, mon collègue autrefois, mon président aujourd'hui. Ce qu'il cherchait dans les touffes de lilas du jardin, ce n'était autre chose qu'un peu de fraîcheur.

Non, vous ne ferez croire à personne que les dix ou douze mille individus que nous avons vus fourmiller par les salles et les couloirs soient venus, de propos délibéré, dissoudre l'Assemblée constituante. La plupart n'étaient mus que par une pensée, folle mais généreuse; d'autres n'étaient que de simples curieux de toutes classes, de tous pays, de toutes opinions, attirés là par le désir de voir l'Assemblée. La visite aurait pu être plus respectueuse assurément; mais, au fond, tout cela était assez inoffensif. Maintenant, que des meneurs aient spéculé sur les sympathies qu'inspirait la cause polonaise pour exercer une pression sur l'Assemblée, que les têtes se soient échauffées au point de transformer en attentat ce qui n'était d'abord qu'une étourderie; que des paroles graves aient été prononcées, que des actes coupables se soient commis, c'est autre chose. Mais, s'il y avait complot, et si les ultra-révolutionnaires s'y enfonçaient les bras jusqu'aux coudes, est-on bien sûr que les partis royalistes n'y trempaient pas au moins le bout des doigts?

Il plane encore plus d'un mystère sur cette ridicule échauffourée. L'un des condamnés, celui qui prononça la dissolution de l'Assemblée constituante, ne s'est jamais bien défendu contre des accusations graves qui le rattachaient au parti orléaniste. Un autre, le nommé Borme, qui faisait assez piteuse figure au procès de Bourges, avait essayé d'organiser, pendant la période révolutionnaire, un bataillon de *vésuviennes* ou de futures *tricoteuses*. Or, de qui tenait-il cette idée? Il l'a déclaré : d'un royaliste exalté, de M. Estancelin ; et Borme n'a pas été démenti.

Je deviens soupçonneux, je l'avoue. Lorsqu'il surgit de la fournaise d'un club des motions folles, atroces ou ridicules, qui tendent à déshonorer une révolution, je dis : — Regardez par derrière, il y a trois à parier contre un que vous y découvrirez un souffleur, et ce sera un ennemi de la Révolution.

Il est des accidents heureux. Tel fut le 15

mai pour les partis. La vague qui faillit tout submerger ne fit que pousser leur barque. Le coup de vent enfla leurs voiles. Sous l'indignation exagérée qu'affectent les royalistes, le 15 mai au soir, percent les éclairs d'une joie mal contenue. Les nuages s'amoncèlent sur l'horizon de la République. Que ces nuages montent, grossissent et se condensent, le choc deviendra inévitable. Ce n'est qu'une affaire de temps. La République disparaîtra dans l'ouragan.

Affaire de temps, six semaines au plus. Les ateliers nationaux se recrutent de tous les désœuvrés de Paris et de la province. Ce ne sont plus, comme au 1er mars, quinze ou vingt mille hommes isolés, éparpillés, sans lien qui les rattache à un centre commun. Ce sont cent vingt mille hommes embrigadés et obéissant au même mot d'ordre. Armée de l'oisiveté aujourd'hui, armée de l'émeute demain. Ni l'Assemblée constituante, ni la Commission exécutive ne prennent des mesures assez promptes, assez vigoureuses, pour la dissoudre. Et, plus on temporise, plus le péril s'accroît. Les républicains s'alarment à l'aspect menaçant de cette trombe qui va fondre sur la capitale. — Il nous faut une journée, se disent longtemps tout bas les royalistes. Il faut en finir, disent-ils enfin tout haut, et M. de Falloux dépose son fameux rapport, qui conclut à la dissolution immédiate des ateliers nationaux, sans autre tempérament qu'une aumône dérisoire. On arme les fusils.

Si je saute à pieds joints sur ce fleuve de sang que traverse mon histoire, ce n'est pas que mes regards craignent d'y plonger. Républicains, nous avons accompli de pénibles devoirs. Nous avions charge d'ordre, et l'ordre a été rétabli. Auxiliaires obligés de l'ordre, les royalistes ont fini par s'attribuer tout l'honneur de la victoire. Grand bien leur fasse ! Mais, puisqu'ils se font la part si belle, il est juste qu'ils l'aient partout.

L'insurrection du 23 juin ne fut pas une de ces batailles livrées au nom d'un principe arrêté par un parti organisé, sous un drapeau commun, contre un gouvernement établi. Consultez les bannières conquises sur les barricades, interrogez les prisonniers, fouillez les poches, vous y trouverez de tout ; des devises socialistes, des médailles à l'effigie de Henri V, d'autres à l'effigie de l'empereur. Plus souvent encore, hélas ! vous ne sonderez que des poches vides, et la misère ne répondra que par le silence à votre interrogatoire. La misère compte un bataillon sacré dans toutes les armées de l'insurrection.

Les brigades dissoutes remuèrent les premiers pavés, engagèrent le premier feu, c'est vrai. Mais des auxiliaires survinrent, qui ne se battaient certainement pas pour la République démocratique et sociale, mais bien contre toute espèce de République. On oublie vite en France! Et puis, l'enquête parlementaire dirigée par M. Odilon Barrot est un si beau monument d'impartialité!

Dernièrement, à propos des sept à huit mille Vincent de Paule si rudement baptisés par M. Jules de Lasteyrie, un de mes collègues, qui avait assisté aux revues du carré Marigny et de la place du Havre, nous disait : — Mais j'ai déjà vu ces figures-là. — Où donc? — Derrière les barricades. Et j'ajouterai, moi, que je les avais déjà vues auparavant.

La foudre gronde longtemps avant d'éclater. Au mois de juin, des signes visibles annonçaient la bataille du 23. Sur les boulevards, et principalement autour des portes Saint-Denis et Saint-Martin, se formaient tous les soirs des rassemblements nombreux, et le nom qui dominait dans ces colloques, c'était le nom du prince Louis, du *prince socialiste*, comme on l'appelait alors. Un jour même, le 15 juin, ces rassemblements s'allongèrent en colonne et se dirigèrent sur l'Assemblée au son de ce refrain si connu : *Poléon! nous l'aurons!* Rappelez-vous les paroles de M. Clément Thomas, commandant supérieur de la garde nationale, qui terminèrent la séance du même soir : *Soyons prêts demain pour la bataille comme pour la discussion*. Contre qui la bataille? Ce ne pouvait être contre les ateliers nationaux, qui n'étaient pas encore dissous. C'était donc contre les partisans de la République ou plutôt de *l'empereur démocratique et social* : les idées les plus incohérentes fermentaient dans les têtes et y produisaient cette incroyable confusion.

Un souvenir à ce sujet.

Le dimanche, 25 juin, à huit heures du soir, sur la place de la Bastille, en compagnie de mon collègue et ami Gambon, d'un capitaine d'état-major de la troupe de ligne et d'un capitaine de la 4e légion de la garde nationale, je parlementai avec quatre insurgés, dans l'espoir d'obtenir la reddition du faubourg Saint-Antoine. Or, je reconnus parfaitement l'un des quatre parlementaires pour l'un de mes plus grands parleurs des rassemblements du 15 juin. Des coups de feu partis de toutes parts, suite d'un malentendu, mirent brusquement fin à notre colloque. Mais il m'en resta cette conviction que, si l'insurrection était socialiste, il y avait aussi un nom comme symbole au bout de ses espérances.

Qui dira tout ce que nous avons souffert pendant ces funestes journées, nous autres qui, sans voter l'état de siége, n'en contribuions pas moins au rétablissement de l'ordre, tout en redoutant les suites de la victoire? Le général Cavaignac, pensions-nous, triomphera de l'insurrection, mais triomphera-t-il de la réaction? Nous en doutions fort, à voir l'attitude des partis.

L'Assemblée constituante a fait tête à l'orage. Elle a payé de sa personne. Elle a même déployé un luxe de courage inusité. Mon Dieu! me disais-je, comme les assemblées politiques se font braves de jour en jour! Il n'y a que la République pour opérer de tels prodiges! Si les représentants de 1815, qu'appuyait une armée redoutable dans son désespoir, eussent reçu ainsi les soldats de Blücher, peut-être nous eussent-ils épargné les hontes et les ruines de la seconde invasion! La différence est grande, à la vérité. L'ennemi, aujourd'hui, c'est bien autre chose que l'étranger, c'est pis que les barbares, ce sont des socialistes, qu'on habillera demain en républicains pour le besoin de la cause. Donc, haro! et pas de quartier!

Qui parle de clémence? qui prononce le nom de Français? Quelques voix perdues dans l'enceinte au milieu des clameurs. *On ne transige pas avec l'émeute.* Voilà toute la réponse aux cris de l'humanité. Eh! eh! comme vous êtes fiers! Que faisiez-vous donc, il y a quatre mois, en livrant successivement à l'émeute votre ministère Guizot, votre ministère Molé, votre ministère Thiers, votre ministère Odilon Barrot, votre roi, votre régence, vous-mêmes? Appelez-vous enfin transaction les paroles sans faiblesse qui peuvent arrêter l'effusion du sang?

*Prenez votre revanche de Février!* Tel était le mot d'ordre des royalistes à l'armée. Mais l'armée n'a pas pris sa revanche; elle s'est tout simplement battue pour le droit en Juin, comme elle avait refusé de se battre contre le droit en Février.

Des bruits infâmes circulaient: on empoisonnait les balles! On empoisonnait l'eau-de-vie destinée aux troupes! On coupait des têtes, on sciait des jambes sur les barricades!

Un représentant du peuple avait vu lui-même cinq têtes coupées, qui se réduisirent à trois, puis à une seule, puis, qui finirent par s'évanouir toutes le lendemain. Je ne nommerai pas ceux de mes collègues qui semaient ces bruits absurdes dans les rangs de la troupe, de la garde mobile surtout, afin de l'exciter jusqu'à la fureur. Ils sont certainement pour quelque chose dans les exécutions en masse et après coup, qui déshonorèrent la victoire de l'ordre. Que ce remords les poursuive éternellement s'ils sont susceptibles de remords!

Ils étaient donc sans entrailles, les hommes qui se jouaient ainsi de la vie de leurs semblables! — Non : j'en ai connu du caractère le plus doux. Mais l'esprit de parti se compose d'un mélange de calcul et de férocité. Pour les royalistes, il y avait un double but à atteindre. D'abord, tacher de sang le plus possible les langes de la République, et puis creuser un abîme entre la bourgeoisie et le peuple. De cette dernière pensée est né le décret de transportation.

On s'imagine peut-être que ce décret qui déporte douze mille hommes sans jugement, et qui brise l'existence de douze mille familles, a été voté dans le calme, dans le silence, avec cette solennité pleine de tristesse de la loi qui frappe en détournant les yeux? Il n'en fut pas ainsi. Croyez-en les souvenirs douloureux qui assiégent encore un témoin oculaire. Le décret fut rendu un soir, aux flambeaux, au milieu de clameurs étourdissantes. Le vertige était monté à la tête de nos législateurs proscripteurs. Point de répit, point de défense. Aux pontons, et en masse, innocents ou coupables : Dieu connaîtra les siens! Le scrutin aux boules prendrait trop de temps; on vote par assis et levé, comme s'il s'agissait d'un emprunt de commune, et le vote est emporté d'emblée. De ce moment, la réaction peut dire au général Cavaignac, instrument involontaire et quelque peu aveugle de ses fureurs : TU ES A MOI!!!

## XI

### Les partis sous M. Cavaignac.

Réaction, comment te nommes-tu?

Royalisme? Impérialisme?

Pas encore : Diantre! ne brûlons pas les étapes. Je ne suis, pour le moment, que la République *honnête et modérée*. Vivent les honnêtes et modérés! A bas les rouges!

Lisez déjà, si vous savez lire : Vivent les royalistes! A bas les républicains!

Modérés! vos preuves sont faites; Belle-Isle en conserve quelques traces. Honnêtes! allez donc demander un brevet d'honnêteté au général Cavaignac, que vous avez si honnêtement servi!

Au 25 juin, la réaction siégeait rue de Poitiers : réunion de masques, arlequin composé de la queue des vieux partis et de la tête des nouveaux.

C'est de la rue de Poitiers que partit, le 28 juin, une députation chargée d'offrir au général Cavaignac l'appui des *honnêtes gens.*

En même temps, des émissaires s'en allaient à l'étranger tenter la réconciliation, contre la République, des deux branches de la famille Bourbon.

Le général accepta-t-il, refusa-t-il le concours offert? Je l'ignore, je n'ai jamais été dans son secret. Mais voici ce que je sais. Le bien qu'il a fait, il est dû à ses inspirations personnelles ; les fautes, il y a été entraîné par la rue de Poitiers.

Qui a maintenu l'état de siége ? La rue de Poitiers.

Qui a rétabli le cautionnement des journaux ? Qui a porté cette grave atteinte aux deux principes de la liberté et de l'égalité ? La rue de Poitiers.

Qui a repoussé l'impôt sur le revenu, proposé par M. Goudchaux, impôt équitable, s'il en fut, et qui permettait d'abolir, successivement et sans danger pour le Trésor, les taxes indirectes? La rue de Poitiers.

Qui a, de reculade en reculade, abandonné l'Allemagne à la Prusse et l'Italie à l'Autriche? Qui a délaissé l'héroïque Venise et acculé le Piémont à la déroute de Novarre? le ministère de M. Cavaignac, sous les inspirations de la rue de Poitiers.

Il est enfin une maladresse qui doit coûter aujourd'hui quelques regrets au général Cavaignac. Les conseils généraux et les conseils municipaux étaient à renouveler; mais il n'y avait pas urgence. Provoquer des élections sous le coup des journées de Juin, c'était les livrer à la réaction, qui, cachée dans les plis du drapeau de l'ordre, se fourrait partout. C'est ce qui est arrivé. Mais d'où est partie la proposition? De la rue de Poitiers.

J'estime trop le général Cavaignac pour croire qu'il entrât l'ombre d'un calcul personnel dans ses funestes concessions. Mais j'ai toujours regretté qu'il ne sût pas mieux discerner ses amis de ses ennemis.

Voyez où on le mène! Le parti catholique a déjà exigé le renvoi d'un ministre de l'instruction publique qui lui porte ombrage. Et le général a sacrifié M. Carnot.

Trois mois après, la réaction déclare qu'elle ne peut plus supporter un ministre de l'intérieur qui a l'audace de tolérer en République des banquets anniversaires de la République. Notez que ce même ministre, président de l'Assemblée au 23 juin, avait *bien mérité de la patrie*, selon la formule et le vote enthousiaste de la réaction. Mais il est *rouge!* (M. Senard rouge!) Cela suffit. Et le général sacrifie M. Senard.

Encore moins pouvait-on souffrir un autre ministre, républicain de la veille, dont les diverses positions officielles remontaient au 24 février. Et le général sacrifie M. Recurt.

Alors de dire : Donnez l'entrée dans vos conseils à d'anciens ministres qui ont toutes nos sympathies. Notre confiance en vous n'en sera que plus complète. Et le général accepte pour ministres deux anciens ministres de Louis-Philippe.

Est-ce tout? Oui, car les élections présidentielles approchent. Le moment est venu de payer au chef du pouvoir exécutif le prix de ses complaisances : ce prix, le voici :

La rue de Poitiers commence par engager le feu sur toute la ligne. Contre qui? Contre le général Cavaignac. Et pourquoi? Parce qu'il est *rouge*. Chacun son tour.

Qui exhume des cartons je ne sais quels cahiers de récompenses nationales au moyen desquels on présente à la France le général Cavaignac comme le patron des assassins? La réaction.

Qui l'accuse d'avoir entretenu pendant vingt-quatre heures l'insurrection de Juin afin de mettre à plus haut prix ses services? Qui l'oblige à se défendre toute une journée à la tribune contre ces odieuses imputations? La réaction.

Qui lui reproche sa dictature, après la lui avoir conférée? La réaction.

Qui insulte à la mémoire du père, après avoir glorifié le fils sur tous les tons? la réaction.

Réaction, comment te nommes-tu donc aujourd'hui?

Je me nomme le *parti de l'ordre.*

Ah! je comprends! Nous avons fait bien du chemin depuis quatre mois; mais nous ne sommes pas au bout. J'ai la mesure de votre courage. Je vous donne encore trois ans avant de balbutier à la tribune : Vive le roi!

## XII

### 4 novembre. — Constitution.

Chemin faisant, et six mois durant, la Constitution se discutait dans les bureaux d'abord, dans une commission ensuite, puis enfin au grand jour de la tribune. C'est cette même Constitution, objet de tant d'études, qu'on se propose de réviser aujourd'hui en un tour de main.

Il est d'usage dans une certaine presse d'accoler à l'œuvre de 1848 le nom de son rapporteur, tombé depuis en discrédit. Il serait bon cependant de ne pas oublier que MM. Dupin, de Tocqueville et Odilon Barrot faisaient partie de la commission de Constitution, et qu'au nombre des délégués des bureaux se trouvaient MM. Thiers, Berryer et Parieu, devenu depuis Esquirou de Parieu, je ne sais trop pourquoi ni comment.

M. Berryer, l'homme le plus à cheval sur ses convictions que je connaisse ; M. Berryer, qui ne saurait ouvrir la bouche sans parler des principes de toute sa vie ; M. Berryer, le correspondant d'Henri V et le chef désigné de son premier ministère ; M. Berryer, qui porte son roi dans son cœur ; M. Berryer, auteur d'une Constitution républicaine ! ce serait à n'y pas croire, si tout n'était croyable au temps où nous vivons.

Mais, me direz-vous, son bureau l'avait délégué comme adjoint à la commission ! Je vous répondrai, moi : Pourquoi acceptait-il ? Et qu'allait-il faire dans cette galère ? Y travailler de bonne foi ! Mais il y avait donc alors éclipse *des principes et des convictions de toute la vie !* De mauvaise foi ! je ne le suppose pas. Tenez, je ne sais plus que supposer, je ne sais plus comment nommer les choses. L'anarchie a tout envahi, jusqu'au vocabulaire ; tout a changé de nom. Un désordre effroyable s'appelle de *l'ordre*. L'arbitraire se décore du nom de *règne des lois*. Pacifier le pays à coups de gendarmes c'est *sauver la société ;* l'agiter en tous sens c'est lui donner une *fièvre salutaire*. Des gens qui se traitent de coquins, voire de canailles, vivent *en bonne harmonie*, comme larrons en foire. M. Thiers *met sa main dans la main* de M. de Montalembert, qui le ferait brûler bel et bien comme hérétique si l'inquisition n'avait usé ses derniers fagots. Comment veut-on qu'un honnête homme se dépêtre de toutes ces intrigues croisées, enchevêtrées, embrouillées, comme disait Figaro, qui de nos jours serait certainement l'un des chefs de la majorité ?

De M. Berryer je suis tombé à Figaro ; on m'excusera, c'est l'effet du tourbillon qui entraîne tout le monde. Je reviens à la Constitution.

Voici le problème que se posèrent les royalistes :

Proclamer la République démocratique une et indivisible.

Lui donner pour base le suffrage universel.

Mais en même temps :

Se tenir dans des termes assez vagues pour remplacer, en temps opportun, le suffrage universel par le suffrage restreint, et la démocratie par l'oligarchie ;

Renforcer les conseils départementaux de manière à en faire, quand besoin sera, quatre-vingt-six petites républiques ;

User le suffrage, universel ou restreint, par lui-même, en l'appelant à démolir le président par l'Assemblée, ou l'Assemblée par le président, selon les profits qu'on y verra ;

Introduire enfin dans la Constitution de tels germes de conflit, qu'après quelques années d'un semblant d'expérience on puisse dire : Voyez ! c'est une œuvre manquée : les rouages n'engrènent point, la machine ne marche pas !

Équivoques, ambiguïtés, réticences, finesses, ruses, astuces, les royalistes ont introduit toutes ces petites ressources d'esprits fertiles dans cette Constitution qui, pour eux, était d'avance mort-née. On dirait de leur travail un infanticide projeté.

Ainsi :

Toutes les libertés sont garanties ; oui, mais *sub lege libertas*. C'est la devise de M. Dupin. C'est-à-dire que le creuset des lois fera évaporer les libertés promises.

S'agit-il du *droit au travail*, reconnu par le projet primitif ? Il devient le *droit du travail*. Une toute petite lettre de changée, une simple coquille d'imprimerie, et le droit s'évanouit.

Travaillera qui trouvera. Les hirondelles aussi ont droit à toutes les mouches qui volent dans l'air, comme disait le bonhomme Quesnay.

L'enseignement est libre. Oui, mais *sous la surveillance de l'État*. Et que sera cette surveillance ? La destitution de cent professeurs et de quatre mille instituteurs sur simple sommation des jésuites et des ignorantins, qui les remplaceront.

L'instruction devait être *gratuite*. Elle devient l'instruction *à la portée de tous*. A la portée ! A combien de lieues ?

L'article 13 contient en germe tout le socialisme. Mais que devient-il entre les mains de la grande commission chargée de la mise en œuvre ? Les *institutions de crédit* dégénèrent en *bureaux de charité*.

L'article 30 fixe les élections au chef-lieu de canton, sauf de *très-rares exceptions*. Il s'agissait de garantir tout à la fois le secret du vote et l'indépendance des électeurs. Mais, à l'aide de ce seul mot *exceptions*, on vous bâcle l'année suivante une loi qui ramène le vote à la commune, ou plutôt à la paroisse, à l'ombre du presbytère et du château.

Ainsi du reste. — Mais pourquoi les républicains ne déjouaient-ils pas toutes ces roueries.—Et pourquoi n'avez-vous pas toujours la main sur votre gousset de montre?

J'ai autant qu'un autre, et plus que beaucoup d'autres, le droit de critiquer la Constitution, tout en l'observant. J'ai voté contre. Mais ce que je trouve merveilleux d'impudence, c'est que les vices qu'on lui reproche sont précisément ceux que nous nous sommes évertués à signaler, nous autres républicains, lors de la discussion.

Lisez les journaux royalistes de toutes les nuances. Lisez le rapport de M. de Tocqueville. Écoutez les discours de M. de Falloux et de M. Odilon Barrot. Une seule pensée les défraye : *Conflits entre les pouvoirs ! Conflits sans solution possible. Anarchie!* Et que disions-nous donc au mois de septembre 1848, lorsque, contre notre gré et malgré nos efforts, vous introduisiez le germe de ces conflits dans la Constitution? Avons-nous assez lutté jusqu'à la dernière heure pour obtenir cette précieuse unité dans le pouvoir, image vivante de la souveraineté du peuple, une dans son essence, conséquence logique de l'indivisibilité de la République? Mes amis, MM. Bac et Grévy, vous ont-ils assez prédit la guerre civile, dont le tocsin, grâces à vos belles inventions, va sonner un de ces quatre matins ? Il est vrai que, pour en préserver nos petits-neveux, vous songez à créer un pouvoir de plus, ce qui fera trois, sans compter les conseils généraux, qui commencent à s'ériger en petites assemblées politiques pour faire de l'ordre à votre imitation. Et pourquoi pas quatre pouvoirs ? Pourquoi pas six ? Les conflits n'en seront que plus rares quand on ne sera que quatre au lieu de deux pour s'entrebattre. O éternels équilibristes ! O éternels jongleurs ! O éternelle bonne foi des partis !

## XIII

### Le 10 décembre.

Un candidat! Mon oriflamme, mes fleurs de lis, mes écussons, mes armoiries, pour un président de République qui ne soit pas républicain!

Qui est là? L'échappé de Strasbourg et de Boulogne, l'aigle vivant! Passez : en fait de grotesque, nous préférons Abd-el-Kader.

Tandis que la candidature de Louis Bonaparte provoquait à la rue de Poitiers un immense éclat de rire, le peuple, de son côté, répétait sérieusement ce grand nom, passé à l'état de légende, et qui, depuis trente ans, n'avait point disparu de ses rêves. Contre l'ancien régime qui relevait la tête, le peuple songeait à s'armer de la grande épée de la Révolution. Était-ce la faute du peuple si, au lieu d'une épée, le fourreau ne contenait plus qu'un gourdin de sergent de ville?

Je l'écrivais il y a trois ans, je le répétais il y a deux ans. Faut-il que j'y use encore mes plumes! Le vote du peuple, au 10 décembre, a été un acte révolutionnaire, une revanche de Waterloo.

Le peuple de Février, fils du peuple de Juillet, petit-fils du peuple de Waterloo, n'a vécu et ne vit encore que d'une idée simple : la Révolution. Au nom qui reflétera le mieux la splendeur de cette Révolution, à ce nom, quel qu'il soit, le suffrage du peuple! Or, au 10 décembre, ce nom s'appelait la Révolution couronnée, la Révolution glorieuse, Robespierre à cheval, Napoléon!

Le courant de l'opinion s'établit. Les vigies de la rue de Poitiers le signalent. Les rires s'adoucissent en sourires, et les sourires en caresses. Une pensée infernale a traversé l'esprit de nos Montalembert. Nous avons réussi à lancer le suffrage universel contre lui-même. Il s'y brisera. C'est un coup de maître. Si nous parvenions maintenant à démolir la Révolution en prenant pour bélier l'un de ses fils; oh! alors, Satan ne serait, auprès de nous, qu'un Odilon Barrot!

Puis, imitant la tactique d'un conspirateur fameux, de M. Blanqui, dociles aux conseils de M. Thiers qui leur avait dit : En tête! toujours en tête! c'est là qu'on risque le moins; voyant venir le fleuve populaire qui entraînait tout sur son passage, les royalistes se mirent à la tête, emboîtèrent le pas, et le 10 décembre ils dirent à l'élu du peuple : Prince, nous vous apportons six millions de suffrages. Combien nous les payerez-vous?

Et il ne vint pas à la pensée de l'élu de répondre à ces étranges délégués du peuple : Montrez-moi votre mandat!

Et le peuple, qui n'assistait pas au colloque, ignora longtemps le marché passé en son nom. Le peuple reste toujours en arrière de deux ou trois intrigues, jusqu'à ce qu'il reprenne le devant par une Révolution.

## XIV

### Le complot du 29 janvier

Le 20 décembre 1848, saint Dominique et l'inquisition, saint Ignace et les dragonnades, Pie V et la Saint-Barthélemy, M. de Maistre et l'émigration, Blücher et les Cosaques, entraient dans les conseils de la Révolution, sous la figure de M. de Falloux.

Assurément, il y avait là quelque gros malentendu.

A ce propos, l'un des nouveaux ministres nous disait, en parlant de ses collègues : Je ne suis pas content. Le président aurait pu s'entourer d'hommes plus attachés à la République.

*Il n'y a de sincèrement républicains dans le conseil que M. de Falloux et moi !*

Que les écailles de certains yeux sont épaisses !

Si M. de Tracy, homme d'esprit, fils d'un homme supérieur, attaché à son pays qu'il n'a jamais quitté; si, dis-je, il voyait si juste, je vous laisse à juger de la sagesse et de la pénétration qui devaient, dès le début, présider aux conseils de l'Elysée.

J'admets les excuses. On débarquait d'Angleterre. On n'avait jamais habité la France. On ne la connaissait que par des relations furtives entretenues dans l'ombre avec les roués de tous les partis. On avait été reçu enfin plus que froidement par l'Assemblée constituante. Plus tard on dira non sans amertume : *Mes véritables amis ne sont pas dans le palais!* Mais pourquoi, en ce cas, ne pas commencer par visiter les chaumières? Le gros nuage qui s'interposait entre Louis-Bonaparte et le peuple se fût peut-être dissipé sous quelques rayons de chaleureux épanchements.

Dans ce nuage il y avait :

A l'extérieur, l'expédition de Rome, l'assassinat de la liberté, l'abandon de la cause des peuples; à l'intérieur, le maintien de tous les abus, le refus de toutes les réformes, une guerre à outrance contre toutes les libertés publiques, un gouvernement de police, l'état de siége en permanence, l'invasion des jésuites dans l'enseignement, et, pour couronner l'œuvre, l'anéantissement du suffrage universel.

Mais rien de tout cela n'était possible en présence d'une Assemblée vigilante qui venait de fonder la République, et qui ne paraissait pas disposée à se séparer sans avoir consolidé l'édifice. Il fallait donc commencer par se débarrasser à tout prix de l'Assemblée constituante. Et pour un but aussi louable tous les moyens sont bons.

Le grand parti de l'ordre fait feu de tous ses journaux, et il a beaucoup de journaux, parce qu'il est riche. Les grenouilles de la presse ne coassent qu'un mot : Dissolution de l'Assemblée constituante.

Le mois de janvier se passe en pétitions. L'opinion publique est pressée, tordue en tous sens, et on parvient à en exprimer jusqu'à deux cent mille signatures sans authenticité que l'on jette bravement à l'Assemblée comme une sommation de la France entière.

Le vœu de deux cent mille pétitionnaires dans une nation qui compte dix millions d'électeurs : un sur cinquante! c'est un peu maigre. L'Assemblée ne s'en émeut guère. Le levier fléchit. Il faut recourir aux grands moyens.

Le 29 janvier, à midi, les Champs-Elysées, la place de la Concorde, le pont, les quais, tous les abords du palais législatif, sont hérissés de canons, de sabres et de baïonnettes. Contre qui se déploient toutes ces forces? M. Léon Faucher va vous le dire : il y a un complot!

Un vaste complot ourdi par les républicains, cela va sans dire, et dirigé précisément contre cette Assemblée, qui, seule, représente la République! Voilà pourquoi il faut préserver l'Assemblée avant tout! Grand Dieu! qui la sauvera de ses sauveurs?

C'est qu'il est grave, le complot, il embrasse dans son organisation Paris et les départements. M. Léon Faucher le suit pas à pas. Il en saisit un à un tous les fils. Ainsi, à Strasbourg, deux artilleurs ont eu querelle avec des bourgeois dans une échoppe, à propos de je ne sais quoi; à Dijon, quatre dragons sont dans le même cas; à Perpignan, un agent de police a été maltraité sur le marché aux herbes par des marchandes de légumes, au sujet de quelques redevances municipales. Je n'invente pas. Sous la direction de M. Léon Faucher, le *Moniteur* enregistre gravement tous ces faits. La conspiration est flagrante, la patrie est en danger. Mais quoi, pas d'arrestations, pas le moindre petit procès! Je le regrette. On en eût fait une jolie pièce pour les Funambules. Les revendeuses de Perpignan, confrontées à l'audience avec les dragons avinés de Dijon, et confondues dans la même accusation d'attentat contre la sûreté de l'Etat, c'eût été réjouissant!

Une grande nation se venge d'un ministre superbe par le dédain, d'un ministre corrupteur par le dégoût. Je ne sais pas comment on peut se venger de M. Léon Faucher.

Oui, néanmoins il y avait complot, je le reconnais, complot visible et patent contre l'Assemblée constituante. On lui fit voter sous le sabre, à trois voix de majorité, sa propre dissolution. Qui donc parle encore du 15 mai?

La Constituante commit là une grande faute. Sa carrière, signalée par le courage, se termina par une faiblesse. Elle avait résisté au feu de l'insurrection, elle plia sous les sommations d'un agent de police. Elle résumait l'opinion de huit millions de citoyens, elle s'émut à quelques cahiers de pétitions qu'elle aurait dû ensevelir silencieusement dans la poudre de ses archives, où tant d'autres sont allées les rejoindre. Elle avait décidé qu'elle ferait elle-même les lois organiques, elle se retira laissant les lois organiques à préparer, son œuvre ébauchée, une guerre impie engagée à l'extérieur, et la République aux mains de ses ennemis. Qu'à sa dernière heure la Constituante ait rejeté de son sein M. Léon Faucher, comme indigne, ce trait de Parthe expirant n'atteignait plus qu'un misérable instrument déjà sacrifié dans la pensée du gouvernement à la morale publique outragée. Influencées, faussées, viciées ou non par une fraude télégraphique, les élections étaient faites; et les assemblées qui se vérifient elles-mêmes n'ont pas pour habitude de se montrer fort scrupuleuses sur la pureté de leur origine.

J'ai fait partie de la Constituante. Je suis membre de la Législative. J'ai vu les partis s'agiter dans la première. Je les retrouve dans la seconde. On me permettra bien de les juger avec autant d'impartialité pour le moins qu'on en met à nous y présider.

## XV

### La guerre de Rome à Rome.

« Je vous dis que vous avez au front une goutte de sang. »

Toute l'expédition romaine est dans cette foudroyante apostrophe tombée de la tribune, le 12 juin 1849, sur M. Odilon Barrot.

Et la goutte de sang n'est pas encore effacée.

Quel fut le caractère de cette expédition? Comment s'annonça-t-elle? Comment fut-elle conduite? Vers quelles fins? Par quelle série d'impostures se traîna-t-elle avant d'avouer son but définitif? Il me faudrait des volumes pour raconter dignement ce crime anachronique, qui tient du treizième siècle plutôt que du dix-neuvième, et je n'ai que quelques pages. Les souvenirs de mes lecteurs y suppléeront.

L'Italie, abandonnée à ses propres forces, retombait pièce à pièce sous le joug de l'Autriche. Deux points tenaient encore, Venise et Rome. Venise, dans l'isolement, épuisait à une défense désespérée ses dernières ressources. Mais à Rome, celui des princes italiens qui avait, le premier de tous, réveillé l'espoir de liberté dans la Péninsule, ce prince se retirait de la lutte sans avoir combattu, et laissait les populations de ses États partout soulevées, à la merci de cette clémence autrichienne si connue, qui a pour organes Haynau et Radetzky.

Les Autrichiens approchaient.

Rome se souleva.

Le prince s'enfuit.

Je ne suis pas casuiste. Je demande à tout homme de bon sens ce que doit faire un peuple délaissé par son chef dans un péril suprême? Pourvoir lui-même à son propre salut. C'est ce que firent les États romains.

Je ne tiens pas aux mots. Je demande comment s'appelle le gouvernement d'une nation par elle-même, qui procède du suffrage univer sel. En France, au mois de février, cela s'est nommé d'une voix unanime la République. Et les États romains se constituèrent en République.

Les choses en étaient là lorsque, le 16 avril 1849, le gouvernement français, par l'organe de M. Odilon Barrot, président du conseil, vint demander à l'Assemblée constituante un crédit de *douze cent mille francs* destiné à subvenir aux dépenses extraordinaires d'un corps détaché de l'armée des Alpes.

C'était bien peu. C'était bien tard. On sait que l'armée des Alpes avait été créée en vue de secourir l'Italie, et l'Italie expirait. Mais le drapeau français a des ailes. Avec quelque diligence, on arriverait encore à temps, sinon pour reconquérir le champ de bataille perdu, au moins pour en réunir les débris et protéger les vaincus contre la clémence de Radetzki : programme timide, qui eût fait sourire de pitié Richelieu, Louis XIV, la Convention, Napoléon, que dis-je, le duc de Choiseul lui-même ; car le ministre des cotillons envoya à six cents lieues de distance des secours à la Pologne menacée.

Mais il faut s'accommoder de son temps, et ne pas rêver gloire quand on ne vit que de honte depuis trente années. Le principe de non-intervention était passé à l'état de tradition dans la politique française. Le *chacun pour soi*, *chacun chez soi*, était devenu une maxime de gouvernement. Y manquer une fois, une seule, en faveur d'un peuple aux abois, c'était déjà bien de l'audace pour des courages taillés sur le patron de M. Dupin.

Des soupçons, des craintes sur le but véritable de l'expédition, comment en concevoir? A la tête du gouvernement se trouve un homme qui a combattu dans sa jeunesse pour la liberté italienne, et qui a même perdu un frère à la malheureuse bataille de Forti. Au conseil des ministres préside un vieux libéral, qui a versé les plus larges flots de son éloquence sur les insurgés romagnols, sur les victimes d'un gouvernement de despote semi-temporel, semi-théocratique, qui a l'inquisition pour base, le bagne pour instrument et la misère pour résultat, comme disait alors M. Barrot dans sa généreuse indignation.

A leurs côtés cependant siége un homme qui n'est encore connu que par l'éloge de la Saint-Barthélemy et de l'émigration.

Et cet homme a un frère dans les conseils du pape, un abbé, un monsignor, diplomate ou espion, je ne sais de quel étage, lequel peut fort bien être l'instrument d'une confrérie fameuse, dont la main cachée tiendrait les fils de cette ténébreuse intrigue. Il y a là de quoi éveiller bien des inquiétudes. Et les réponses ambiguës des ministres à la commission de l'Assemblée n'ont rien de très-rassurant.

Le rapport est fait séance tenante. Force discours. Plus on parle, moins on s'entend. — Mais enfin, qu'allez-vous faire à Rome? Vous y présenterez-vous en amis ou en ennemis? Iriez-vous, par hasard, y rétablir le pape? — Nous allons en protecteurs de la liberté, répondent les ministres serrés de près ; notre intention n'est pas d'imposer aux populations des Etats romains un gouvernement quelconque à l'encontre de leur volonté.

— Eh bien ! partez !

L'armée expéditionnaire débarque à Civita-Vecchia, s'en empare de vive force et marche sur Rome, bannières déployées, l'artillerie en avant : Feu ! voilà les PROTECTEURS !!!

La première attaque est repoussée. Le monsignor de là-bas avait sans doute prédit qu'on serait reçu les bras ouverts par les *honnêtes gens* du pays, qui valent à peu près les nôtres. C'est ainsi, en effet, que furent reçus les Prussiens, en 1792, par les *honnêtes gens* de Verdun, et les Cosaques, en 1814, par les *honnêtes gens* de la ville de Troyes. Mais il paraît qu'à Rome tout n'était pas *honnêtes gens*. L'armée française aux ordres des Jésuites, l'armée *ennemie* (car c'est le mot vrai, si l'on se met à la place des assiégés), l'armée libératrice à coups de canon, fut reçue à coups de fusil par toute la population d'une grande ville indignée, armée et secondée dans son ardeur par un gouvernement dévoué. — C'est un malentendu, pense M. Odilon Barrot. — C'est un malheur, disent quelques ministres. — C'est un bonheur, se disent les Jésuites, le pavillon français est engagé, la guerre inévitable. Un Français ne recule pas.

Le sang avait coulé, et le sang de la liberté, des deux parts. Le canon avait tonné. L'écho en retentit dans l'Assemblée française. Grandes rumeurs : — Nous sommes trompés ! qu'on s'explique enfin ! Pour toutes explications, les ministres se rejettent dans leur labyrinthe d'équivoques, d'ambiguïtés, de lâches mensonges ; et l'Assemblée, revenue de sa surprise, vote, le 7 mai, ce mémorable ordre du jour :

« Le gouvernement est invité à prendre des « mesures pour que l'expédition de Rome ne

« soit pas plus longtemps détournée de son « but. »

L'ordre était positif. On l'esquiva. On louvoya. On fit semblant de négocier. Un diplomate de bonne foi, abusé par son ministre, partit pour Rome avec des instructions qui n'étaient qu'un leurre, car le général en chef recevait, par le même courrier, des instructions contraires. Mais il fallait gagner du temps. L'Assemblée avait encore trois semaines à vivre. Le jour même de sa disparition, le 28 mai, le général Oudinot recevait l'ordre d'attaquer Rome à outrance si la population ne se rendait à merci.

Oh! que ces pratiques sont dignes d'une grande nation! Quelle riche moisson de gloire on y recueille! Le gouvernement du neveu n'a plus rien à envier au gouvernement de l'oncle. La campagne de Rome vaut cent fois, à elle seule, les Pyramides et Marengo!

On sait le reste. Le siége de Rome dura tout un mois. Puis, la ville fut prise d'assaut. Puis, les soldats mutilés de la liberté se sauvèrent sur toutes les routes, poursuivis en tête par les Français, ramassés en queue par les Autrichiens, qui n'en fusillaient que quelques-uns pour ne pas faire tort à la potence. Et l'Assemblée législative, sentinelle avancée de la contre-révolution, approuva tout, ratifia tout, vanta les bourreaux, insulta les victimes, et, de mois en mois, vota tous les crédits qui, de douze cent mille francs, ont fini par s'élever à *soixante millions!* Nous sommes si riches!

Cependant il y avait des engagements pris. Des hommes graves, des hommes d'honneur comme MM. Louis Bonaparte et Odilon Barrot, ne jettent pas leur parole au vent. On occupait Rome : c'était bien. On y apportait la *vraie liberté.* C'était mieux. Le moment était venu d'appeler le peuple romain à se prononcer librement, par l'organe du suffrage universel sur le choix de son gouvernement. Hélas! il en devait être de la *vraie liberté* comme du bois de la *vraie croix* : à Rome comme ailleurs on n'en a pas encore vu l'ombre. En revanche, le despotisme y est une cruelle réalité.

Un jour, toutefois, le 18 août 1849, M. Louis Bonaparte éprouva un sentiment, je n'ose pas dire de honte ni de remords, mais pour le moins, un sentiment de regret. Il écrivit à l'un de ses aides de camp une lettre qui fit grand bruit. Dans cette épître il se plaignait que l'armée française ne reçût pas à Rome tous les égards qui lui étaient dus. Puis, il posait au rétablissement du pape quatre conditions inflexibles :

Sécularisation de l'administration ;
Gouvernement représentatif,
Code Napoléon ;
Amnistie générale.

C'était là sans doute la *vraie liberté* promise. Or, de ces quatre conditions combien le gouvernement apostolique en accepta-t-il ? Aucune.

Cette lettre du 18 août, cette lueur de courage, s'évanouit bien vite. Le tour était joué. Et si le président de la République n'était lui-même en cause, je dirais : le crime était commis, crime conçu, prémédité et exécuté avec toutes les circonstances propres à le rehausser ; le mensonge au début, le mensonge au milieu, le mensonge à la fin, tout depuis la perfidie la plus enfiellée dans la bouche de M. de Falloux, jusqu'à la niaiserie la plus sublime sur le front de M. Odilon Barrot, où la goutte de sang ne s'effacera jamais. Mais j'ai hâte de sortir de cette lamentable histoire. Au point de vüe qui m'occupe, je ne puis que conclure ainsi :

Le lendemain de l'expédition de Rome, la

réaction catholique et royaliste pouvait répéter à M. Louis Bonaparte ce qu'elle avait dit au général Cavaignac le lendemain de la transportation : TU ES A MOI !

## XVI

### La guerre de Rome à l'intérieur.

*Tu es à moi !*

Et en effet :

La guerre de Rome s'achevait à peine, que le défi le plus insolent partait de la tribune française : « *Ce qu'il nous faut maintenant,* « *c'est la guerre de Rome à l'intérieur.* »

A tout ce qui pense, à tout ce qui raisonne, à tout ce qui examine, à tout ce qui critique, à tout ce qui écrit, à tout ce qui parle, à tout ce qui vit, à tout ce qui veut vivre, à tout ce qui se permet d'avoir sur un sujet quelconque une opinion quelconque, guerre, guerre à mort ! ténèbres et silence ! jésuites et gendarmes ! le salut de l'Eglise est à ce prix !

Reconnaissez-vous cette voix ? Je l'ai entendue à travers les âges, semant la malédiction sur sa route, dominant les gémissements de l'humanité, et damnant les hérétiques jusqu'au pied du bûcher.

Je l'ai entendue à la Chambre des pairs, le 14 janvier 1848, déclamant contre les libéraux suisses, secouant la mollesse de M. Guizot, et réclamant hautement la *guerre de Suisse à l'intérieur*.

Je l'ai entendue enfin (mais n'est-ce pas une illusion ?), je l'ai entendue, revenant de Bruxelles, le lendemain d'une révolution, le 1er mars 1848, douce comme un chant de sirène, et se ressemblant autant que le reptile du printemps ressemble au reptile de l'hiver ; je l'ai entendue criant à tue-tête sur les places publiques : Liberté de conscience ! Liberté d'examen ! Liberté d'enseignement ! Liberté de la presse ! Liberté de réunion ! Liberté d'association ! Liberté pour tous ! Liberté pour rien ! et de reste ! j'ai l'exemplaire à la main.

Frac de pair, culotte rouge, manteau noir ; grand seigneur en 1847, grand démagogue en 1848, grand sacristain en 1849 ; Protée quant aux formes, Loyola quant à l'essence, imperturbable dans son commerce, sauf l'espèce et la qualité de l'orviétan, M. de Montalembert.

Il criera qu'on lui fait tort. — Peuh ! ne vous en mettez pas en peine. Il en a reçu bien d'autres et à bout portant sans sourciller. Demandez à M. Victor Hugo ! M. Loyal a bon dos. Certains héros de Rabelais gagnaient leur pauvre vie à recevoir des coups de trique. Laissez donc mon cher collègue gagner le ciel à sa façon.

Eh ! il nous a jeté maintes fois à la tête les ossements de nos pères, qu'il traite de scélérats, le saint homme ! Il vit fort bien des suffrages du peuple, contre lequel il aboie, le pauvre homme ! Il ne prêche que guerre et massacres, le doux agneau du bon Dieu ! Et, quand je flaire le jésuite sous le républicain de circonstance, il ne me sera pas permis de tirer un peu le bout de l'oreille qui passe !

La guerre de Rome à l'intérieur ! tel est, au 1er janvier 1850, le programme de la réaction, programme qui porte le n° 4, et la série n'est pas close.

A l'œuvre !

Une première remarque a frappé tous les esprits. Il serait par trop étrange que le peuple, appelé à participer aux affaires publiques, pût se réunir, discuter et s'éclairer précisément sur les affaires publiques. Comment! les candidats qui sollicitent la confiance de leurs concitoyens, les représentants qui ont à rendre compte de leur mandat s'adresseraient directement au peuple assemblé! Mais ce serait le comble du désordre! Le véritable esprit du suffrage universel consiste à distribuer au peuple par la main du propriétaire, du patron, du curé et du gendarme, des bulletins de vote où les noms seront aussi connus du peuple que ceux des mandarins de la Chine. Qu'on y pourvoie! *Caveant consules!*

D'ailleurs, c'est ce même droit de réunion, ne l'oublions pas, c'est ce droit contesté et méconnu qui a mis le feu aux poudres en février. Souffleter le peuple avec la première palme de sa Révolution, quoi de plus piquant! Le droit de réunion sera aboli.

Il y a bien un léger obstacle. Je veux parler de ce *chiffon de papier* qui s'intitule la Constitution de 1848. Le droit de réunion y est écrit en gros caractères avec bien d'autres; mais il est avec les Constitutions des accommodements. On ne *supprimera* pas, on *suspendra* pour un an, sauf à renouveler. Tout dépend d'ailleurs de la manière de rédiger les lois. Voici, en trois lignes, l'esprit de celle que j'ai vu voter :

« Les clubs sont interdits.

« Les réunions sont permises.

« *Sont considérées comme clubs toutes les réunions.* »

Simple affaire de gobelets. Passons à d'autres exercices.

Le droit d'association a bien son mérite aussi. Quand s'éleva le soleil de Février, les esprits sérieux se demandèrent quelle idée nouvelle il ferait éclore dans le monde. Et des quatre coins de l'horizon politique s'éleva un cri unanime : *Association!* Fraternité en action ! Que ce soit là le tribut de la Révolution de février à l'humanité !

Aussi ce droit sacré sans lequel les hommes tomberaient au-dessous des loups qui s'associent librement dans les forêts, ce droit obtint-il une mention honorable dans la grande charte de 1848. Restait toutefois la mise en œuvre. La voici :

Droit de s'associer, pour une partie de chasse, par exemple, ou pour jouer aux boules, oui; mais pour s'occuper des affaires publiques, qui sont les affaires de tous, serviteur ! Vous voilà en pleine société secrète. Et qu'est-ce qu'une société secrète? l'expérience vous l'apprendra à vos dépens.

Vers la fin de 1848, quelques citoyens, représentants du peuple pour la plupart, voyant la République menacée, imaginèrent de contracter entre eux une alliance défensive sous le nom de *Solidarité républicaine*. Ils en avaient bien le droit, ce me semble, en pleine République surtout, lorsqu'en face d'eux les ennemis de la République créaient un comité d'attaque qui projetait ses rayons par toute la France. Riches de souscriptions et patronés par le gouvernement, MM. les royalistes inondaient le pays de gros livres, de petits livres, de brochures, de journaux et de correspondances. Les républicains ne les imitèrent que de loin, car ils ont le défaut de n'être pas riches, outre le malheur d'être assez mal vus du gouvernement de la République. Néanmoins ils firent bonne contenance. Annoncée, publiée, affichée, répandue partout au grand jour qui nous éclaire, la *Solidarité* faisait son chemin. *Société secrète !* Procès !

Procès, arrestations, scellés, main mise, détention, jugements et condamnations par des juges affiliés à la Société rivale à titre d'amis de l'ordre et d'honnêtes gens. Vos adversaires continueront leur honnête commerce, mais quant à vous, allez vous faire... solidariser sur les pontons : si veut la loi, si veut l'équité surtout !

Mais pourquoi aussi vous constituez-vous en société politique ? Voyez vos adversaires ! Ils ont comité central, comités de départements et comités locaux. Ils vont, ils viennent, ils correspondent ; ils distribuent des brochures par milliers, des journaux par millions, et des bulletins par milliards. Vous croyez qu'ils font de la *politique*? Pas le moins du monde : ils font de *l'ordre.* — Passez : la loi n'a pas affaire à vous.

A Paris, dans l'Ouest et dans le Midi, pullulent des sociétés de Saint-Henri, de Saint-Michel, de Saint-Hubert, que sais-je ? Il s'y fait un petit commerce de petites médailles, de petits portraits, de petites croix et de chapelets bénits. De temps à autres, après boire, on y crie : Vive Henri V ! à bas la République ! Et vous prenez cela pour de la *politique !* Erreur, c'est de la *bienfaisance* toute pure. — Passez : la loi est borgne, à droite elle n'y voit jamais.

Il y a encore les sociétés du 10 Décembre, de la Redingote Grise, du Petit Chapeau, du

Petit Verre et du Gourdin; là on crie: *Vive l'Empereur!* avec accompagnement de coups de bâton sur les passants. Mais il est évident que la *politique* est étrangère au but de ces honorables sociétés. Tout au plus, pourrait-on les qualifier de *commerciales*, en raison de leur petit trafic de places et de traitements; mais le commerce n'est pas interdit par nos lois, que je sache. — Passez! la loi est aveugle, elle n'y voit plus du tout.

Voilà de bons exemples! Voilà comment il faut se conduire quand on veut échapper aux perquisitions, aux mandats d'amener, et surtout aux réquisitoires de MM. les procureurs des prisons de la République. Il y a deux ans, après les désastres de la *Solidarité*, les républicains parurent profiter de la leçon : renonçant à la politique, en apparence du moins, vingt-sept associations ouvrières de Paris, professeurs, instituteurs, tailleurs, bottiers, chapeliers, menuisiers, cuisiniers et autres, se renfermèrent dans leur spécialité et se développèrent sur une grande échelle, encouragées qu'elles y étaient par un vote de l'Assemblée constituante. Mais la feinte était trop grossière, M. Carlier ne prit pas le change : quarante-sept personnes furent arrêtés, les livres saisis, et les associations ruinées. Il ne fut pas difficile de prouver aux vingt-sept associations ayant enseignes sur rues et boutiques ouvertes qu'elles étaient de belles et bonnes sociétés secrètes. Les professeurs de musique professaient des bémols anarchiques; les instituteurs avaient institué des alphabets séditieux; les tailleurs taillaient des complots en plein drap, que les cuisiniers cuisinaient au fond de leurs marmites. Les chapeliers ne montaient que des bonnets phrygiens; et, quant aux menuisiers, que pouvaient-ils menuiser autre chose que des planches à guillotines? Ah! vous dissimulez dans vos livres de commerce, en style du métier, d'épouvantables conspirations! Vos mains courantes de fil, d'aiguilles, de côtelettes et de pointes de Paris, recèlent, en termes cachés, des programmes politiques! Vos balances trimestrielles contiennent, par *doit* et *avoir*, la liquidation de la vieille société prédite par M. Proudhon. Halte-là! vous aurez des nouvelles du jury de Paris, où ne siége pas un membre des associations, mais, en revanche, beaucoup de négociants qui se passeraient bien de votre concurrence.

Associations de Paris et de province, poursuivies;

Cercles démocratiques, fermés ;

Sociétés de secours mutuels, datant d'un siècle, dissoutes ;

Lieux publics où l'on jouait séditieusement aux dominos, fermés et ruinés.

Qu'est-ce que tout cela? misères ! Légères escarmouches de la guerre de Rome à l'intérieur. Nous en verrons bien d'autres ; car la guerre sera longue, si j'en juge par l'incroyable opiniâtreté des républicains.

La presse gênait (la vérité gêne toujours). Mais comment s'y prendre avec une liberté qui date de loin, qui a déjà enterré plusieurs monarchies et qui s'étale insolemment en tête de toutes nos institutions depuis soixante ans? Comment? Ce qui se concède en gros, on le rattrape en détail. Ce n'est pas plus malin que cela.

« *Les citoyens ont le droit de publier leurs* « *opinions, en se conformant aux lois.* »

Si Jean Bonhomme lisait cet article 23 de la Constitution, il serait triomphant ; mais Jean Bonhomme n'est pas de force à lire ce commentaire sous-entendu : « *aux lois qui se combineront de manière à rendre ce droit illusoire pour les pauvres et même dangereux pour les riches.* »

D'abord, pour imprimer, il faut un imprimeur, et les brevets d'imprimeur dépendent du ministre de l'intérieur, qui les délivre ou les retire à sa volonté, pour ne pas dire à son caprice. Cela est si vrai, que votre serviteur, représentant des Pyrénées-Orientales, ne parviendrait pas à faire imprimer dans le département des Pyrénées-Orientales un simple calendrier.

Je serai plus heureux ailleurs, soit. Mais, si ma publication est périodique, si c'est un journal, il me faut, au préalable, déposer un cautionnement. Et pourquoi? — Ah! c'est qu'il faut une garantie à la société, en raison des délits que je puis commettre. — Une garantie en espèces, à propos de délits éventuels! Nous voilà bien! Mais alors demandez-en à tout le monde. Demandez-en au conducteur qui peut me verser, au batelier qui peut me noyer, au cocher qui peut m'écraser, au pharmacien qui peut m'empoisonner, à l'avocat qui peut me ruiner, au passant qui peut casser mes vitres. Des délits! mais il n'y a citoyen mettant le pied dans la rue, ou même restant au coin de son feu, qui ne puisse en commettre! Soyez conséquents alors, et que personne ne se meuve, n'aille, ne vienne ou ne demeure sans cautionnement. Mais non; vous avez des raisons plus solides, et Jean Bonhomme les a déjà devinées. Votre prétendue garantie n'en est pas une. Autrement vous imposeriez le même cautionnement aux journaux de Paris et de la province, qui sont susceptibles des mêmes délits et passibles des mêmes amendes. Ce que vous avez en vue, c'est un obstacle, obstacle au pauvre! Silence au pauvre! Isolement au pauvre! Les riches seuls se réuniront, s'associeront, écriront et parleront. C'est le dernier mot de l'égalité.

Après cela, saignez-vous, cotisez-vous. Peut-être, à votre tour, finirez-vous par fonder un journal. Mais vivra-t-il? C'est une autre question.

D'abord le timbre, aboli en 1848 et rétabli en 1849, doublera le prix de l'abonnement. Il y a tel journal, à Paris, qui paye jusqu'à 600,000 fr. d'impôt par an. C'est plus que n'en supportent tous les rentiers de l'État à la fois.

Imprimez, tirez; il faut vendre; mais la voie publique est barrée par un arrêté de police, qui ne laisse circuler que la feuille hostile à la République. Mais, dans les campagnes, en vertu de la loi du colportage, rien ne passera que sous le crible de la police. Je vois colporter sous mes yeux, en ce moment, les *Mémoires de la sainte Vierge, écrits par elle-même*, pour l'édification des petites filles. Mais ces lignes que j'écris pour l'édification du peuple ne franchiront pas le cordon sanitaire de l'abêtissement.

Courage, messieurs ! encore une ou deux petites lois, et votre arsenal sera complet. Les générations, vertes ou mûres, sont empoisonnées par l'esprit de liberté qui souffle depuis le siècle dernier. Abandonnez-les à leurs destinées, mais sauvez les jeunes pousses. Emparez-vous de l'enfance, couvrez-la d'une cloche à plongeur qui la dérobe au contact de l'atmosphère de la Révolution; il vous suffit pour cela d'uue bonne loi de l'enseignement. M. de Falloux l'a préparée, M. Beugnot la rapporte, M. Bonaparte l'appuie par l'organe de ses ministres, l'Assemblée la votera.

Les instituteurs, ces modestes enfants du peuple, qui se vouent à la plus rude comme à la plus ingrate des professions, frappez-les, frappez-les sans pitié : ce sont des enfants de la Révolution. Rejetés déjà hors du cercle des fonctions publiques, sans hiérarchie, sans horizon, ils se résignaient à cette position humiliante et humiliée. On les avait deshérités de l'avenir, dépouillez-les du présent, chassez-les comme lépreux de la commune, qu'ils aillent tenir école au désert ! Puis, restreignez le programme de l'enseignement ; retranchez-en l'histoire. Que nos enfants apprennent de mémoire, à coup de leçons et de fouet, les hauts faits d'une bourgade de voleurs qui vivait, il y a quelque deux ou trois mille ans, dans un coin de l'Asie, c'est assez pour leur instruction. Quant à l'histoire de nos pères, lettre close, à moins qu'on ne la travestisse. Des droits et des devoirs du citoyen, des premières notions de la vie civile, pas un mot. Et qu'en feraient-ils? Pour eux la loi et les prophètes se résument en trois mots : *obéir*, *servir* et *se taire* : c'est la consigne de la caserne, c'est la consigne du couvent, ce sera celle de la France si... Mais la réponse de Royer-Collard me revient en mémoire : *Il vous faudra dix ans pour pervertir la jeunesse française; or, dans dix ans vous n'existerez plus.*

## XVII

### La loi du 31 mai.

Le temps presse. J'esquisse. J'ai renoncé à tout peindre. Une Assemblée où bouillonnent toutes les passions du passé, où les *modérés* montrent le poing; où les gens de bon ton vomissent l'injure grossière, où le président n'a qu'une oreille et la majorité qu'un mot : *la censure!* une loi de déportation proposée par un ancien proscrit contre des hommes qui ont flétri la proscription; une administration furibonde qui n'a que la colère et la menace sur les lèvres; une main-basse exécutée à fond de train sur tous les fonctionnaires suspects de tenir, de près ou de loin, à l'opinion républicaine; une grêle de procès, un cliquetis de chaînes sur toutes les routes; six départements en état de siége, sous un pacha qui serait tout à la fois odieux en Turquie et ridicule aux Funambules; une presse à gages, patronée, privilégiée, où quelques drôles, arrière-faix de la jeunesse dorée, parlent de famille et de religion en sortant d'une maison de débauche; l'inquisition dans la vie civile, l'inquisition dans l'armée; les suspects envoyés aux présides d'Afrique, et tout cela exécuté, accompli haut la main, sans résistance, en face d'un peuple qui se résigne et qui se tait, comme s'il avait définitivement donné sa démission.

Dort-il? veille-t-il? est-il mort, ce peuple qu'on piétine ainsi? Moron peut-il descendre de l'arbre et lui donner cent coups? Si on lui tâtait le pouls!

Le 24 février 1850, fidèle à son culte et seul à fêter sa Révolution, le peuple dépose des couronnes d'immortelles sur la tombe de ses martyrs.

La police enlève les couronnes.

Le peuple se tait.

Février vivait encore en symbole dans la sève des arbres de liberté que M. Thiers lui-même avait fournis et que la religion avait bénis.

La police fait scier les arbres en plein jour, après affiches.

Le peuple se tait.

Ce n'est pas que les provocations lui manquent. *Les lâches!* s'écriaient alors les journaux de l'ordre, *les lâches, ils se laisseront enlever jusqu'à leurs arbres sans les défendre!*

Mais la liberté avait poussé d'aussi profondes racines dans le cœur des citoyens que dans le sol. Qu'importent les autels brisés? le Dieu reste. Le peuple ne défendit point ses arbres, et sa patience fut prise pour une abdication.

Cependant le département de la Seine était appelé, avec quelques autres, à nommer des représentants pour combler les vides de la proscription de juin 1849. Paris républicain présenta sans hésiter M. Carnot, M. de Flotte, M. Vidal.

M. Carnot, ministre de l'instruction publique sous le Gouvernement provisoire et ministre encore au 23 juin, sacrifié le lendemain par M. Cavaignac aux dieux infernaux de la réaction naissante. La capitale des lumières ne pouvait protester plus hautement contre la loi de ténèbres qui se votait alors à l'Assemblée nationale.

M. de Flotte, transporté de juin. Vainqueurs et vaincus se donnaient la main par-dessus les barricades, et s'unissaient dans une touchante réconciliation.

M. Vidal, enfin, républicain socialiste des plus distingués. Le peuple réclamait les conséquences pratiques de sa Révolution.

Eclats de rire d'abord au camp de la réaction; stupeur ensuite. Les trois républicains étaient élus.

Mais c'est impossible! Mais nous sommes le jouet d'un songe! Mais un tel vote est cent fois pire que des barricades! Mais c'est une triple insurrection! Mais la bourgeoisie ne saurait voter avec le peuple! Mais ce fleuve de sang que nous avions creusé, à dessein, après juin, entre la ville et les faubourgs, ne saurait se tarir ainsi! Nous sommes trahis, débordés, pillés, assassinés, morts! Soient dénoncés à l'indignation des *honnêtes gens*, soient mis en état de blocus et voués à la ruine les commerçants qui ont voté pour des républicains, sous réserve de mesures plus efficaces pour l'avenir.

Et la menace s'exécuta. Et les proscriptions

morales commencèrent. Et des établissements considérables furent mis en interdit. Sans respect pour l'indépendance des votes, sans honte et sans pudeur, les journaux de l'ordre signalèrent dans leurs colonnes les négociants de Paris soupçonnés de faire cause commune avec le peuple. Oncques ne fut pareil scandale. Oh! les honnêtes gens! que je les reconnais bien là!

Revanche! revanche! Il y a eu surprise (comme en février). C'est toujours la protesta tion des vaincus. Ah! il vous faut une revanche! eh bien! c'est l'un des élus, c'est M. Vidal lui-même qui va vous l'offrir. Elu le même jour dans la Seine et dans le Bas-Rhin, M. Vidal opte pour le Bas-Rhin, et laisse un siége vacant à Paris.

Pour le coup, il ne s'agit que de s'y bien prendre. D'abord, un ministre de l'intérieur trop mou, M. Ferdinand Barrot, cède la place à M. Baroche, qui, en sa qualité d'ancien procureur général, doit apporter à ses nouvelles fonctions toute la fougue du réquisitoire, outre qu'il connaît à fond les clubs révolutionnaires pour les avoir présidés lui-même en d'autres temps. Avec M. Baroche, la victoire sera remportée de haute lutte. Ses trois cheveux se hérissent déjà sur son crâne en signe de triomphe. M. Baroche va *devancer la justice de la réaction.*

Vingt candidats sont présentés, contrôlés, pesés et ballottés. On suppute leurs chances. Les nuances sont sacrifiées au triomphe de la couleur. Après de vives discussions, qui laissent un peu d'aigreur, prélude de dissensions futures, un candidat définitif est adopté. C'est un brave garde national, soldat de l'ordre au 23 juin 1848, qui a eu le malheur de perdre son fils, frappé de dix-sept balles à ses côtés, M. Leclerc.

Le choix était habile. Rallier la garde nationale, surexciter l'esprit de corps, battre le rappel contre une insurrection de bulletins, se donner pour auxiliaires tous ceux qui, d'une opinion ou de l'autre, volèrent au secours de l'ordre menacé, et faire passer un candidat à la faveur de cette confusion de drapeaux, c'était de la haute diplomatie. Je soupçonne fort M. Thiers d'y avoir mis la main.

Mais, par contre, la provocation était un peu forte. Il y avait, dans le choix du candidat, un tel renversement du sens moral, un tel cynisme de perversité, qu'il frappa et révolta jusqu'aux plus indifférents. Exploiter, après deux ans, les souvenirs d'une guerre civile ; se réclamer de l'émeute, au nom de l'ordre ; redresser les barricades au moment où le peuple en dispersait les derniers vestiges; voilà ce que, pour son honneur, la population de Paris ne supporta point. Admis déjà aux soirées de M. Dupin, traité de collègue, daguerréotypé et colloqué dans la galerie des représentants, le candidat malheureux dut battre en retraite. M. Eugène Sue fut élu. Mais M. Dupin se vengea, il ne l'invita jamais.

Nouveaux cris de fureur. Mais non, ce n'est plus de la fureur, c'est de la rage. Le jour de la proclamation de M. Eugène Sue, j'ai regretté que les tribunes publiques n'eussent pas été réservées aux pensionnaires de certaine grande maison des environs de Paris. J'aurais voulu savoir en faveur de qui se fût faite la comparaison.

A ce degré de folie, on ne raisonne plus. Xerxès, en pareil cas, faisait battre de verges l'Océan. Le peuple sera fustigé.

Ah ! le peuple ne veut plus descendre dans la rue ! ah ! il nous refuse des 13 juin dont nous tirons si bon parti ! ah ! il se réfugie dans l'émeute, dans l'insurrection, dans l'anarchie, dans le chaos du suffrage universel ! Soit. Nous le traquerons jusque-là. Il faudra bien qu'il en sorte. Si le peuple ne vote plus, il voudra se battre. Nous le tenons.

Je l'affirme devant Dieu et devant mes concitoyens, je l'affirme avec M. Véron lui-même, qui, revenu sur son opinion, ne voit plus dans la loi du 31 mai que *la machine la plus infernale pour allumer en France sur tous les points la guerre civile* : il n'y a pas eu d'autre pensée dans la conception de l'œuvre capitale de la réaction : la guerre civile !

Loi qui attente au droit le plus sacré de l'homme et du citoyen, loi qui pulvérise les assises de notre droit public, loi de guet-apens qui exige trois ans de domicile lorsqu'on n'est séparé que par deux années des grandes élections qui doivent décider du sort de la France; loi impie et dégradante, qui destitue l'homme de son droit pour l'attribuer à la matière ; loi sauvage, qui ameute les fils contre les pères, les ouvriers contre les patrons et sème la haine dans toutes les communes, dans toutes les familles ; loi contre nature, qui frappe de déchéance l'artisan, l'ouvrier, le médecin, l'avocat, tous ceux à qui la nature de leur profession ou les exigences de l'industrie font du déplacement un devoir ; loi de loterie, qui laisse à la négligence d'un fonctionnaire, au caprice d'un autre, au hasard le plus souvent, le soin de vous classer parmi les citoyens ou dans la vile multitude; loi de caste, qui, dès la première application, rejette quatre millions d'hommes de la nation; loi hypocrite, enfin, qui n'ose pas dire son véritable nom, ni avouer son véritable but. Non, non ! ce n'est pas une loi. Ce ne fut jamais qu'un placard de guerre civile, et rien de plus.

Et votée d'urgence ! Et par qui ? Par les partisans du système des deux Chambres ; par des politiques qui redoutent, pour les Assemblées uniques, la précipitation, les surprises, les égarements momentanés ! Ils n'avaient que cette objection à nous faire, lors de la grande discussion de 1848. M. Odilon Barrot la délayait encore dans de longues phrases à la tribune le 19 juillet dernier. Et M. Odilon Barrot a voté d'urgence la loi du 31 mai, la plus grave, la plus énorme des lois ! Vraiment, je ne sais s'il reste encore en France un atome de cette antique et sainte bonne foi qui faisait la devise de nos pères. Mais un peuple qui ne qualifierait pas sévèrement ces hypocrisies éhontées serait à jamais déchu !

L'urgence se motiva. Un avocat motiverait

la peste ! J'entends encore M. Baroche s'écrier: « Quand de pareilles questions sont posées, quand elles agitent le pays, elles réclament une prompte solution. » Argument commode, et qui n'exige pas de grands frais d'invention ! Poser soi-même une question brûlante, créer l'agitation dans le pays pour s'en faire un argument ; et débiter cela sans rire à des barbes blanches, ce serait du haut comique si le drame n'était pas trop sérieux. Eh ! mes maîtres, il y a sur le tapis, depuis tantôt six mois, une question qui brûle aussi quelque peu. Grâce à vos menées, la révision tient le pays en état de fièvre, et je ne vois pas que vous vous pressiez d'en finir, malgré une première et solennelle décision de l'Assemblée. Tenez, je ne suis pas de votre école, je ne dirai pas que votre conduite n'est qu'un mensonge permanent, je veux rester poli, je me contenterai de dire que vous fauchez, barrottez et barrochez depuis que vous êtes au pouvoir. C'est bien assez.

Ironie ! Divinité de Proudhon ! tes sectateurs abondent, M. Baroche institue une commission de burgraves pour attaquer le suffrage universel, et il y fourre, entre autres, M. de Montebello, M. de Vatimesnil, et M. de Montalembert.

1° M. de Montebello, dont il a demandé lui-même la mise en accusation le 22 février, *lorsqu'il devançait la justice du peuple;*

2° M. de Vatimesnil, qui a écrit ceci le 30 mars 1848 :

« ÉGALITÉ ! expression qui serait vide de « sens, *si l'on refusait aux uns ce que l'on ac-« corde aux autres.* »

« On ne saurait toucher *au droit d'un seul « individu* sans que ceux de la nation tout en-« tière soient menacés. »

D'un seul ! Et deux ans après quatre millions d'exclus !

3° M. de Montalembert enfin ; mais pourquoi prononcé-je encore ce nom ? Une palinodie de plus ou de moins ! Compterez-vous ?

« Priver un seul paysan de l'exercice facile et naturel du suffrage universel, *c'est un crime.* LE PEUPLE NE VOUS LE PARDONNERA PAS ! »

Ironie ! Ironie ! Ah ! dans les choses saintes, tu t'appelles sacrilége et dérision !

## XVIII

### La dotation.

*Le peuple ne vous le pardonnera jamais !*

Le peuple pardonna encore.

Le peuple pardonne toujours : *Patiens quia æternus*.

Pourtant ne l'agacez pas trop. Ne triomphez pas en criant : *l'émeute a reculé !* Ne lancez pas vos chiens sur le sanglier jusque dans son antre. Car je vous prédis, moi (pardon d'un jeu de mots qui rend ma pensée), je vous prédis que bientôt *les meutes reculeront*.

Au 1er juin 1850, après une année de session interrompue par deux mois de vacances, l'Assemblée législative aspirait au repos. Ce n'est pas que la besogne fît défaut à son activité. L'ordre du jour était encombré de dix ou douze lois organiques qui devaient compléter la Constitution. Une seule était votée. Les autres attendaient : elles attendent encore. C'était bien la peine de renvoyer la Constituante en invoquant contre elle sa lassitude ! Les travaux abandonnés par la Constituante restèrent suspendus au crochet.

Mais la Législative avait accompli la moitié de sa tâche. Une année lui avait suffi pour virer de bord, et ramener de la pleine mer l'esquif de la République dans les parages semés d'écueils où avait déjà sombré quatre fois le vaisseau de la monarchie. Jusque-là tout avait marché d'ensemble. Une solidarité intime unissait tous les partis dans leurs attaques contre la République. Mais 1852 commençait à poindre dans le lointain ; et, si l'on s'était accordé pour démolir, il était impossible de s'entendre pour reconstruire, chaque parti voulant le faire exclusivement sur ses plans et à son profit.

Trois lignes en marche peuvent se croiser, se rencontrer et se fondre sur un même point. Là elles paraîtront unies à la seule condition de rester immobiles. Mais l'immobilité, le *statu quo*, n'est de l'essence ni des sociétés, ni des partis. Pour peu que le mouvement reprenne, et que chaque ligne conserve sa pente naturelle, de convergentes qu'elles étaient, elles deviendront divergentes. L'écart ne tardera pas à se faire sentir, et le désordre en naîtra. Un désordre croissant, tel est, malgré l'enseigne, le tableau du parti de l'ordre depuis dix-huit mois.

Les premiers symptômes d'écart se manifestèrent à propos d'une demande d'argent: c'était malheureux. Les confiants, les endormis se réveillèrent au tintement des piécettes. Les passagers du bâtiment virent le capitaine et l'équipage se quereller sur leurs gages. Amis jusqu'à la bourse ! L'adage apparaissait aussi vrai dans les hautes régions de l'Etat que sur un champ de foire, et les réflexions qui en découlaient n'avaient rien de flatteur pour le gouvernement.

Aux termes de la Constitution, M. le président de la République recevait un traitement annuel de six cent mille francs par an,

ci. . . . . . . . . . . . . . . . . 600,000 fr.

L'Assemblée y avait ajouté,

*A reporter*. . . . 600,000 fr.

| | |
|---|---|
| *Report.* . | 600,000 fr. |
| à titre de frais de représentation, une allocation égale de. . . . . | 600,000 fr. |
| Plus, pour entretien du palais de l'Elysée, et pour location d'un hôtel voisin appartenant à la famille Castellane. . . . . . | 225,000 fr. |
| Enfin, M. le président s'était attribué sur les fonds de secours des ministères une part de | 200,000 fr. |
| Total. . . | 1,625,000 fr. |

Au total, un million six cent vingt-cinq mille francs à employer par M. le président de la République soit à son entretien, soit en aumônes, soit en placements sur la caisse d'épargne, si tel eût été son goût.

Si, au lieu d'être entouré d'*amis jusqu'à la bourse*, M. Louis Bonaparte avait eu alors pour conseils quelques amis de cœur, on lui eût dit :

« Votre lot est modeste, c'est vrai. Un ancien prisonnier qui, dans le temps, n'avait droit qu'au logement et à la soupe, pouvait espérer mieux. Votre position a changé depuis. Vous voilà, pour quelque temps, premier fonctionnaire d'une grande nation ; que cette nation, pour son propre honneur, fasse bien les choses à votre égard, rien de plus naturel. Mais aussi un million six cent vingt-cinq mille francs par an, c'est-à-dire cent trente-cinq mille et quelques centaines de francs par mois, ne sont pas à dédaigner. Nombre d'honnêtes familles vivraient dans l'aisance avec les centimes que nous oublions.

« Et cela ne vous suffit point !

« Considérez donc, monsieur ou monseigneur, citoyen ou prince, considérez que le peuple n'est pas riche ; qu'il plie déjà sous le fardeau de son budget ; que les temps sont durs ; que les denrées ne se vendent pas ; que, dans les campagnes, on compte en se les partageant les morceaux de galette de blé noir. Remarquez que, si les pièces d'or sonnent bien dans la poche qui les reçoit, l'écho n'en va pas résonner aussi agréablement dans les poches qui se vident. Sachez que rien ne dépopularise, en France, comme les demandes d'argent ; rappelez-vous, vous qui savez si bien l'histoire, rappelez-vous ce qu'ont coûté en désaffection à Louis-Philippe ces quêtes répétées qui ne l'en ont pas moins laissé, à la fin de son règne, avec 35 millions de dettes, malgré un revenu décuple du vôtre. Puis réfléchissez !

« Ne craignez-vous pas, d'ailleurs, les comparaisons qui ne manqueront pas de se faire, et très-peu à votre avantage?

« Les membres du Gouvernement provisoire (et ils étaient onze) ne recevaient pas, à eux tous, le même traitement que vous, bien qu'ils représentassent assez dignement la France, si l'on en juge par la veille et par le lendemain. Ce traitement, quelques-uns y ont même renoncé en nobles citoyens qu'ils étaient. A la vérité, ils ont recueilli depuis, en échange ou à titre de supplément, la plus noire ingratitude.

« Vous avez eu un autre prédécesseur, M. le général Cavaignac. 10,000 francs par mois lui suffirent. Or, si bien que vous montiez à cheval, vous ne persuaderez jamais à la France qu'il y ait en vous treize fois et demie l'étoffe du général Cavaignac, à moins que la grandeur ne se mesure à l'ampleur des poches et de l'estomac.

« Simple chef du pouvoir exécutif, le général n'était pas décoré du titre de président de la République : c'est vrai. Voyons ailleurs. Vous n'êtes pas, comme le phénix, le seul de votre espèce dans le monde. Il y a, dans l'Amérique du Nord, une nation aussi grande et plus riche que la France. C'est une République comme la nôtre. Et combien alloue-t-elle à son président? 125,000 francs par an, monsieur, un peu moins du douzième de votre traitement; ce qui n'empêche pas l'Amérique de trouver, tous les cinq ans, des candidats à choisir pour remplacer le président sortant.

« Les Américains sont des ladres, soit. Rentrons en France, et prenons pour vous mesurer une échelle de proportions qui vous flattera davantage. Au commencement de ce siècle la France était déjà en République. Elle avait pour premier consul un homme qui ne se drapait pas *dans les oripeaux d'une fausse grandeur*. En quelques années, simple général de la République, il avait conquis à la France plus de provinces que la monarchie en quatorze siècles. Les trônes de l'Europe disparaissaient dans les rayons de sa gloire, comme les étoiles en plein midi. Seriez-vous humilié, par hasard, d'être assimilé au vainqueur des Pyramides et de Marengo, vous qui n'êtes connu encore que par vos exploits de Strasbourg et de Boulogne, et qui n'avez pas même encore remporté la victoire de Satory?

« Eh bien! savez-vous quel était, en l'an de gloire 1800, le traitement du premier consul de la République? 500,000 francs; un peu moins du tiers du vôtre, monseigneur. Et le premier consul avait déjà une nombreuse famille, nous ne le savons que trop.

« Comment! le budget déclare que vous valez à vous seul :

« Treize fois et demie le général Cavaignac;

« Douze fois un tiers Washington;

« Trois fois et plus le premier consul Bonaparte;

« Et vous n'êtes pas content!

« Ah! je sais. Ils avaient moins d'aides de camp, moins d'officiers d'ordonnance, moins de chevaux, moins d'équipages, moins de valets, moins de mangeurs, moins de mouches. Mais je n'ai jamais bien compris l'utilité des mouches. Tout ce que je pourrais vous voter, et de bon cœur, ce serait un éventail pour les chasser. »

Ce langage, il ne se trouva personne, surtout parmi les mouches, pour le tenir à M. le président de la République. Il persista. Et quelques jours après le vote qui éliminait des tables électorales plusieurs millions de citoyens, MM. les ministres demandaient pour leur chef, à titre de supplément de frais de représentation, un léger appoint de DEUX

MILLIONS QUATRE CENT MILLE FRANCS.

On eût dit un amendement oublié à la loi du 31 mai.

Pour la première fois l'Assemblée fit la moue ; jusqu'alors on l'avait caressée comme une maîtresse. Or, il n'est pas d'usage de demander à sa maîtresse des fonds d'entretien. Sérieusement, les royalistes savaient mieux que moi à quoi s'en tenir sur la destination du supplément demandé ; les journaux à gages et sans abonnés doivent coûter cher, surtout si le zèle des écrivains se paye, et c'est trop juste, en raison inverse de l'estime qu'il rapporte ; ce n'est pas moi, par exemple, qui ai découvert l'emploi des trois cent mille francs de douaire votés par la République à la duchesse d'Orléans, pour suppléer à la pauvreté de la famille. C'est cette vieille commère de *Gazette de France*. Elle a prétendu un jour, la jalouse, l'indiscrète, que les trois cent mille francs, que ce denier de la veuve servait à *nourrir le courage de sots agents, d'écrivains maladroits*, comme dit la chanson. Je me suis expliqué depuis tout le courage, toute l'admiration, tout l'esprit, que dépensent, pour l'acquit de leur conscience, les journaux de la famille d'Orléans.

Quoi qu'il en fût de la dotation présidentielle,

les royalistes regimbèrent. Les épigrammes et les sarcasmes se croisèrent dans les bureaux et dans la presse, au grand scandale du public, et pour la plus grande joie des républicains, qui espéraient jouir de quelque répit, tandis que dans le parti de l'ordre on se prendrait aux cheveux. Neuf commissaires sur quinze se prononcèrent contre la dotation.

L'Assemblée la vota néanmoins, mais de mauvaise grâce. Il fallut que le général Changarnier mît son épée dans la balance où se pesait l'or. L'épée l'emporta.

Il y a des services plus lourds que des injures. Je ne serais pas surpris que la destitution du commandant en chef de l'armée de Paris eût été résolue depuis le mois de juin 1850.

L'irritation fut grande à l'Elysée. La place était ravitaillée, oui ; mais MM. les royalistes avaient laissé tomber dédaigneusement de leurs mains l'obole demandée comme une gratification qu'un grand seigneur accorde à son régisseur. C'était presque un congé définitif !

Le parti de l'ordre se disloque, ses batteries se tournent les unes contre les autres. Un journal, qui passe pour s'occuper de l'Élysée, attaque vertement la majorité. L'Assemblée riposte, traduit le journal à sa barre et le condamne. La rupture est complète.

Nous voilà au 15 août 1851, l'Assemblée se sépare. Bon voyage !

On se reverra.

## XIX

### Les intrigues.

« Récompense honnête à qui rapportera, rouillée ou non, une vieille clef des Tuileries perdue, pour la dernière fois, dans les eaux du Havre, par le roi Louis-Philippe en 1848.

« Que si ladite clef ne se retrouve pas, les Tuileries devront rester fermées à tout venant. Il est défendu d'enfoncer les portes. L'usage des *monseigneurs* est également interdit. »

Je ne puis raconter qu'en style du genre la triple odyssée de M. Berryer et de ses amis en Allemagne, de M. Thiers et des siens en Angleterre, de M. Louis Bonaparte et de ses ministres un peu partout. Le journal le plus sérieux de l'époque est le *Charivari*.

Des représentants du peuple, triés, choisis, élus pour veiller, pendant l'absence de l'Assemblée, à la sûreté de la République, désertent leur poste, passent la frontière et s'en vont former à Wiesbaden, à nos portes, un nouveau Coblentz où chacun est admis à déposer ses hommages aux pieds de son roi.

D'autres prennent le paquebot de Douvres et vont jouer la même pièce en Angleterre, où se tiennent en réserve, un roi, un régent, une régente, sans compter un président d'occasion qui, au besoin, ferait la planche aux autres : il faut songer à toutes les éventualités.

Notez bien que ceux-ci ont flétri ceux-là et les ont chassés de la Chambre des députés, il y a six ans, pour un pèlerinage du même genre à Belgrave-Square. Et ne vous hâtez pas de hausser les épaules : je vous promets mieux. Vous verrez demain flétrisseurs et flétris se donner la main.

Pendant ce temps-là M. Louis Bonaparte se met en campagne de son côté, parcourt la France de l'est à l'ouest, échange des discours, recueille des hommages, se pose seul en face de la nation, ne dit mot de l'Assemblée, et se fait saluer du nom d'*héritier de l'empereur*. Des cris séditieux de *vive la République* éclatent sur ses pas. On les réprime. Les conseils municipaux sont dissous, les gardes nationales désarmées, et les régiments qui crient *vive l'empereur* abreuvés à Satory.

Voilà le grand parti de l'*ordre!*

Et ce peuple calme, silencieux, impassible, qui ne daigne pas même siffler la pièce et les acteurs, c'est le parti du *désordre*.

Ces sept à huit mille *coquins* qui assomment les passants sur la place du Havre, c'est le parti de l'*ordre*.

Et les assommés qui ont l'audace de se plaindre, *parti du désordre*.

Ces conciliabules nocturnes ; ces réunions de conjurés où se glissent des traîtres ; ces polices et ces contre-polices qui s'entre-dénoncent, ces gens qui se jettent à la face des accusations d'assassinat, ce sont les *honnêtes gens*.

Et les républicains, qui rient de ces querelles de ménage, des *gueux*.

Cependant on va se revoir. Les vacances s'achèvent. On s'aborde mystérieusement, on se demande à voix basse : « Avez-vous trouvé la clef, la fameuse clef, la clef magique? — Non.

— Et les autres? — Pas davantage. — N'en parlons plus. »

Trois conspirations se sont tramées contre la République. Sapeurs et mineurs ont creusé la tranchée sous le sol et l'ont poursuivie chacun à part soi, trois mois durant. Les galeries souterraines convergeaient vers le même point. On se rencontre nez à nez, pic à pic. Ébahissement général ! Tiens ! vous êtes aussi dans les ours ! disait Tristapatte à Marécot, qui venait de perdre sa tête d'ours blanc. Et de causer aux dépens de ce pauvre Schahabaham qui restera le niais de la comédie, sauf à reprendre, qui sa tête d'ours noir, qui sa tête d'ours blanc, lorsque reparaîtra le pacha.

J'ai analysé, sans le vouloir, le message de M. le président de la République, ce sermon du 12 novembre 1850 qui tomba sur les partis comme une goutte d'eau froide sur une masse de vapeur pour en amortir l'effervescence. Suivons les préceptes de saint Jacques le Mineur, confessons-nous nos péchés les uns aux autres, et donnons-nous une absolution réciproque. Personne n'est allé à Wiesbaden, personne à Claremont. Les revues de Satory sont une invention de Cocambo. Le poignard qui devait égorger M. Dupin et M. Changarnier n'était qu'un simple couteau de bois. Entendons-nous, enfin, et *conformons-nous aux volontés du peuple, légalement exprimées.*

Amen !

La trêve dura ce que dure une trêve entre... honnêtes gens.

Le 7 janvier 1851, M. le président de la République destituait le général Changarnier.

Le 18, à cent trente voix de majorité, l'Assemblée ripostait en renvoyant le ministère de M. Bonaparte.

Le 16 avril, le ministère honni reparaissait, renforcé de l'incomparable prestidigitateur en télégraphie, M. Léon Faucher.

Le 28 mai, enfin, toutes les opinions bonapartistes, impérialistes, fusionnistes, confusionnistes, royalistes blanches, royalistes bleues, royalistes tricolores; tous les partis mêlés, confondus, enchevêtrés, brouillés, réconciliés, disloqués et rajustés, s'entendaient pour demander la révision de la Constitution.

Je les laisse là. Les intrigues qui précèdent et les intrigues qui suivent ne méritent pas les honneurs de l'histoire. Le *Charivari* lui-même ne s'en amuse plus. Je préfère de beaucoup les théâtres en plein vent des Champs-Élysées. Polichinelle est battu par Arlequin ; Polichinelle se venge sur le chat ; le chat grogne ; Arlequin reparaît ; nouveaux coups de bâton. Affreuse mêlée ! J'attends le commissaire pour y mettre l'ordre.

Le commissaire apparaîtra en 1852.

# XX

## La vile multitude.

J'ai instruit le procès.

Je vais confronter les parties.

Puis je résumerai les débats. Je m'adresse d'abord aux républicains. Qui êtes-vous?

— Nous sommes dix millions de familles, moins quelques-unes, trente-six millions d'hommes, moins quelques-uns, qui voulons vivre honnêtement du fruit de nos sueurs sans jeter un regard d'envie sur le bien d'autrui.

« Nous ne sommes pas d'hier. Nos quartiers de noblesse ne s'arrêtent pas, dans leur origine, à quelque voleur de grands chemins, qui, de notre temps, eût mérité les assises et la potence, ni à quelque valet de chambre, palefrenier, ou procureur de menus plaisirs anobli par le regard d'un roi ou de sa maîtresse. Nos titres remontent plus haut et sont pour le moins aussi purs. Ils remontent au premier qui abattit un arbre, fouilla le sol, battit le fer, creusa un sillon, tordit une maille de filet, et lança une barque sur l'Océan.

« Nous sommes l'arbre immense de l'humanité, avec ses racines dans les profondeurs du passé ; son tronc vigoureux qui résiste au temps ; ses générations des feuilles qui tombent et se remplacent, ses fruits qui mûrissent dans le présent, et des fleurs qui éclosent pour l'avenir.

« Hors de nous, il n'y a rien ; rien que champignons vénéneux ou parasites.

« Ce monde, si désolé autrefois, si splendide aujourd'hui, c'est nous qui l'avons transformé et créé une seconde fois, selon la parole de Dieu, qui nous l'avait donné pour cette fin : *ut operaretur eum*. Si les cieux célèbrent la gloire de Dieu, si le firmament annonce l'œuvre de ses mains, comme disait le psalmiste, c'est la terre, notre œuvre à nous, qui raconte notre gloire. Nous l'avons défrichée, ensemencée, plantée, cultivée, embellie, parsemée de monuments comme de perles, et sillonnée d'une ceinture de routes et de canaux. Nous sommes descendus jusque dans ses entrailles pour en extraire ses trésors. Il n'est fleur ni épi, fil de lin, de coton, de laine ou de soie, fil de fer ou fil d'or, bloc de pierre ou solive de chêne, chapiteau de colonne ou mât de navire, qui n'ait conservé l'empreinte de nos mains et l'odeur de nos sueurs. De la galerie souterraine des mines élevez-vous jusqu'au dôme des basiliques ; des capitales aimées de la civilisation poussez jusqu'aux plages lointaines les plus sauvages, partout vous trouverez sous vos pas les pas des enfants du peuple.

« Nous sommes : le laboureur qui lie les bœufs et qui ouvre le sillon, le moissonneur qui faucille les blés, le faucheur qui tond la prairie, le vigneron qui taille le cep, le manœuvre qui pioche la vigne, le presseur qui foule le raisin, le batelier qui transporte, et le commerçant qui fait circuler partout, comme le sang dans les artères, les sucs de la terre et les produits de l'industrie.

« Nous sommes : l'artisan courbé sur le métier, le mineur qui extrait la houille, le forgeron qui bat le fer, le charpentier qui équarrit la poutre, le maçon qui fend la pierre, le menuisier qui scie la planche, la fileuse qui pare sa quenouille, le tisserand qui fait la toile, le canut qui tisse la soie, le soldat qui veille à la frontière, le marin qui promène le pavillon, image de la patrie, par toutes les mers du globe. Nous sommes tout, tout enfin. C'est par nous que l'humanité, nourrie, vêtue et abritée, vit dans la paix, l'abondance et la sécurité.

« Les arts qui charment la vie, les lettres qui fortifient l'âme, les sciences qui agrandissent le domaine de l'homme, nous les avons cultivés, honorés, développés. Quand nous nous exprimons, quand nous revendiquons nos droits, c'est par la voix de J.-J. Rousseau, ce sublime vagabond, cet inculte enfant du peuple. Nous avons eu des Hoche et des Marceau pour vaincre, des Béranger pour chanter leurs gloires, des David pour les peindre, et des David encore pour les sculpter au frontispice de nos monuments. Chez nous on trouve d'humbles Jacquart qui créent des machines merveilleuses, et de glorieux Arago qui nous expliquent les merveilles des cieux. Quand vos génies à vous, quand les Lamartine et les Chateaubriand ont usé les dernières cordes de leurs lyres à chanter l'aristocratie, c'est au peuple qu'ils viennent demander une dernière corde, la plus sonore, la plus solide, la plus durable, celle qui seule lancera leur nom à la postérité. C'est au foyer du peuple que vient se réchauffer leur vieillesse. C'est de l'amour du peuple que s'inspirent leurs chants du cygne. Chateaubriand à son lit de mort saluait l'avénement de la démocratie, et répétait le *nunc dimittis* du vieillard Siméon. Il a été donné à l'autre, au chantre du sacre des rois, de sacrer lui-même un jour le peuple-roi, dans de magnifiques discours qui resteront les miracles de l'éloquence. Et de ces deux gloires, demandez à M. de Lamartine laquelle lui sourit le plus, rayonne le mieux, et revient en plus doux échos retentir dans les solitudes de son cœur !

« Rien ne nous coûte, rien ne nous pèse, rien ne nous effraye, rien ne nous arrête dans ce labeur incessant qui a le monde pour sujet, les siècles pour trame, Dieu et l'humanité pour but. Neige et pluie, vent et bise, glaces du Nord et feu des tropiques, fatigues et périls, faim et soif, pauvreté et misère, tortures de l'âme et tortures du corps ; nous savons tout dompter parce que nous accomplissons notre loi, la grande loi de tous les êtres, LE TRAVAIL !

« Quel est donc ce dogme absurde et pervers dans son absurdité, qui fait du travail un signe de déchéance, une sorte de condamnation afflictive et infamante ? Eh quoi ! le travail intelligent et fécond, le travail qui crée après Dieu et qui rapproche l'homme de son sublime idéal, le travail ne serait que le symbole de notre dégradation ! Et rien ne serait plus agréable à Dieu que la vie oisive d'un moine mendiant ! Mais je me demande alors pourquoi nous n'adorons pas des marmottes et des lézards, supérieurs à l'homme de beaucoup et moins dégradés, car ils travaillent moins ! Ah ! s'il entrait dans mes plans de discuter des dogmes, je vous dirais bien d'où vient le vôtre. Il vous vient, après quelques transformations, de l'Inde antique, de cette religion de Boudha, qui résumait la destinée de l'homme dans ces deux mots : *le repos ! le néant !*

« Tout arbre porte ses fruits. Toute doctrine entraîne ses conséquences et tend à se réaliser dans les faits. Si le travail dégrade, nécessairement l'oisiveté réhabilite. Honneur donc à la fainéantise : elle s'appellera noblesse ! honte au travail : il s'humiliera sous le nom de roture ! Rien de plus logique. Personne ne se soucie de *déchoir* : dans le temps, on disait *déroger*. Ce verbe seul contient dix siècles d'histoire. Qu'une conception plus élevée du devoir et de la destinée humaine, que le génie de l'homme n'eût pas protesté et réagi, même à travers les bûchers, contre cette doctrine abrutissante, l'Europe serait peuplée aujourd'hui de fakirs et de parias, comme les grandes Indes ; les uns, noblement occupés à regarder sans cesse, des trente années durant, le bout de leur nez, pour la plus grande gloire de Dieu ; les autres, se traînant dans la fange au-dessous des plus vils animaux.

« Nous y allions tout droit. Déjà la terre, accaparée par nos fakirs, refusait des aliments à l'activité des parias. Nos pères se soulevèrent. Gloire à eux ! La Révolution de 1789 affranchit du même coup l'homme, la terre et le travail. Il est vrai qu'on leur fit payer fort cher les frais de la guerre. Il est vrai que nous les payons encore. Il est vrai que tout le monde ne put s'affranchir à la fois en acquérant des propriétés. Il est vrai qu'une distinction fatale se créa dès lors entre les aînés et les cadets, entre ceux qui possédaient déjà, et ceux qui ne possédaient pas encore. Il est vrai qu'en

1830, après une révolution accomplie en commun, la première des deux classes se retrancha dans son égoïsme de parvenu et enchaîna pendant dix-huit ans les destinées de la Révolution. Mais il est vrai aussi que, le 24 février 1848, le travail, déshérité jusqu'alors, se posa hautement comme principe et comme générateur de tous les droits dont la propriété elle-même n'était que la conséquence légitime et d'un ordre inférieur.

« Et maintenant vous nous demandez pourquoi nous sommes républicains ! Mais c'est tout simplement parce que la République est *l'avénement du travail*; parce que le travail a l'honneur de figurer pour la première fois, dans le préambule d'une Constitution, comme l'une des bases de la République.

« Que si l'on nous demande compte de notre conduite, nous répondrons :

« Oui, nous fûmes vainqueurs un jour, et l'histoire dira que, loin d'abuser de la victoire, nous avons généreusement tendu la main aux vaincus. Beaucoup d'entre nous avaient sacrifié les jouissances de la vie commode au culte d'une idée persécutée, tandis que leurs adversaires, aussi fiers de leur collier que le chien de la fable, s'engraissaient aux étables de l'idée régnante. Beaucoup ne comptaient plus depuis longtemps avec les amendes et la prison, qui, au jour du triomphe, n'eurent pas même la pensée de réclamer le prix de leurs sacrifices. J'en connais qui sortaient de la geôle, prêts à y rentrer, ne respirant qu'entre deux guichets, et qui néanmoins ne pensèrent tout d'abord qu'à protéger leurs persécuteurs contre les premiers élans de la colère du peuple. Voudriez-vous bien me dire cependant ce qu'il fût advenu des combattants républicains si la bataille eût tourné autrement ?

« Mais, voyez donc :

« Ces terribles despotes protégeant la liberté de leurs adversaires aux dépens de la leur !

« Ces farouches guillotineurs débutant par abolir la peine capitale, et préservant ainsi à l'avance leurs ennemis de leurs propres fureurs !

« Ces pillards insatiables montant la garde au seuil des hôtels menacés ! Jusque dans l'insurrection de Juin, que je blâme autant que je la déplore, — je l'affirme, moi, parce que je l'ai vu de mes yeux, et je défie, à cet égard, tous les démentis, — pas un acte de pillage ne s'est commis dans toute une moitié de Paris au pouvoir de l'insurrection.

« Il était réservé aux *amis de la propriété* de saccager plus tard les imprimeries et de ruiner les propriétaires. M. Ledru-Rollin, lui, se portait de sa personne au secours des presses qui l'attaquaient le plus vivement.

« Peu s'en fallut cependant, au 24 février, je l'avoue, que la République ne s'annonçât par des actes de sauvagerie. Voici une anecdote que je tiens de bonne source. Un ancien préfet de police disait le lendemain : — M. Delessert n'a été qu'un sot. A sa place, le matin *j'eusse fait piller les boutiques de la rue Vivienne et de la rue Richelieu, au cri de vive la République*, et Louis-Philippe serait encore aux Tuileries.

« Que dites-vous du procédé ? Vous ne l'eussiez jamais découvert, mes bons amis les gueux ! Ni moi non plus.

« Mais vous êtes incorrigibles ! Le 16 avril, une trombe va fondre à l'Hôtel de Ville sur le Gouvernement provisoire. Qui donc se précipite à son secours ? C'est la 12e légion, Barbès en tête. Or, je ne sache pas que le 12e arrondissement, ce Bethnal-Green de Paris, ce quartier général de la misère, soit précisément peuplé d'aristocrates !

« O Barbès ! ô mon ami ! tu les as trop protégés ! C'est là ton plus grand crime : ils ne te le pardonneront jamais !

« Tel a été le peuple. Tel il est encore. Vexé, molesté, vilipendé, calomnié, dépouillé de ses droits, il se résigne et il attend. Viennent à luire de meilleurs jours, je le connais : malgré toutes ces piqûres de moucherons, le lion sera encore assez grand, assez magnanime, pour couvrir ses ennemis d'un large pardon, si ce n'est d'un dédaigneux oubli. »

Mais j'oubie que MM. les royalistes demandent audience. Ils n'auront rien perdu pour attendre. Je n'ai qu'à dépouiller leur dossier.

# XXI

## L'ordre et les honnêtes gens.

Qui êtes-vous, messieurs? et quels sont vos principes ?

— Nous sommes les *amis de l'ordre*, le *grand parti de l'ordre*. Nous avons pour principe *l'ordre*.

L'ordre! l'ordre!... Et puis c'est tout? Je comprends; c'est-à-dire, excusez-moi, je ne comprends pas très-bien. C'est ma faute, sans doute. L'ordre dans les sociétés, de même que l'harmonie dans le monde physique, m'est toujours apparu comme la conséquence d'un principe, l'application d'une loi, l'effet d'une cause. Mais l'ordre, érigé en principe et tenant lieu de toute règle supérieure ! Autant vaudrait donner la plume qui se meut sous mes doigts pour le principe du mouvement, et ces lignes que je trace en ordre pour le principe de mes idées ! vous ne prenez que l'effet pour la cause: légère erreur, en vérité !

Il n'y a entre nous qu'une différence du tout au tout. Je ne suis plus étonné de ne pas vous comprendre ; je le serais bien plus que, vous vous comprissiez vous-même. Et, ce qui me confond tout à fait, c'est que des mots aussi vides de sens puissent encore amuser et abuser des niais.

— L'ordre !... L'ordre !...

— Eh oui ! c'est une belle chose que l'ordre ! mais cette belle chose dérive d'une cause première. Voyons, voici un bataillon qui manœuvre dans un ordre admirable. Je suis de l'œil ces pelotons qui se forment, se séparent, se rejoignent, se croisent, se prolongent en colonne ou se massent en carré. Je vous demande d'après quelle savante théorie s'opèrent ces exercices. Et vous me dites : *l'ordre* ! Pour ma part, je vois parfaitement l'ordre résulter de la régularité de ces mouvements. Mais c'est la théorie qu'il me faut ; et que me répondez-vous ? Rien.

Il serait bien avancé, votre bataillon de recrues, si, pour toute instruction, vous vous borniez à leur récommander de manœuvrer en ordre !

Voici une horloge, une locomotive, un navire à voiles, qui marchent à ravir : ressorts d'acier ou ressorts de chair, tout s'engrène, tout concourt, tout consent ; voilà l'ordre. Mais le principe générateur du mouvement, pendule, vent ou vapeur ; mais le système de combinaisons d'où résulte l'ordre que j'admire avec vous, ce n'est donc rien à vos yeux ? C'est tout.

Ainsi des sociétés. Il n'est pays au monde où ne règne un ordre tel quel, bon ou mauvais, juste ou injuste, moral ou immoral, doux ou féroce, selon le principe d'autorité qui y préside. L'ordre règne en Autriche, en Russie, en Turquie, en Chine, à Tombouctou. S'il y a des philosophes de votre force chez les Cafres, et si leurs journaux valent les vôtres, ils doivent trouver fort bien, au nom de l'ordre, qu'un monarque aux pieds nus chasse à coups de fouet ses sujets enchaînés vers un marché où il les échangera contre de la verroterie.

Qu'y trouvez-vous à redire ? c'est *l'ordre* du pays. Essayez même de prouver aux philosophes cafres, vos confrères, qu'ils ne sont pas d'*honnêtes gens!*

Je parle très-sérieusement : si l'ordre tient lieu de tout principe de gouvernement, je vais vous acculer à des conséquences devant lesquelles vous reculerez peut-être.

L'ordre régnait dans la République d'Athènes, qui comptait dix mille citoyens bavards et deux cent mille esclaves fainéants ; c'était l'ordre idéal du temps. Aristote lui-même n'en imaginait pas de plus beau. Est-ce le vôtre?

L'ordre, et un ordre sévère, régnait à Sparte, avec la communauté pour principe et le vol en honneur. Cet ordre vous va-t-il?

L'ordre ne fut jamais plus assuré à Rome que sous Caligula. De temps à autre, pour maintenir l'ordre, Caligula faisait voler trois ou quatre cents têtes des mieux choisies. Enviez-vous le sort des sénateurs de Caligula?

En Chine, depuis quarante siècles, règne un ordre sublime : sept ou huit couches d'hommes superposées ; la couche inférieure est piétinée par les autres, la seconde souffre, mais un peu moins ; la troisième commence à respirer un peu, et ainsi de suite. Au sommet de cette pyramide humaine se tient debout un homme, un seul, le grand Khan, qui d'un geste maintient tout en équilibre. Voilà l'ordre chinois. Est-il de votre goût ?

A Venise, au moyen âge, l'ordre, c'étaient les Plombs ;

En Espagne, le bûcher ;

En France, la roue, et, plus tard, la Bastille.

Aujourd'hui, en Autriche, l'ordre, c'est le bâton ;

En Hongrie, la potence ;

En Russie, le knout ;

A Naples, le cachot ;

En Turquie, le cordon ;

Au Caire, le pal ;

Dans l'Océanie, le cercle de feu ;

Le tout déclaré absolument indispensable pour la sûreté des Etats. Choisissez !

Telle dynastie, en Europe, se perpétue de mâle en mâle ; telle autre, en Amérique, de femelle en femelle ; l'Angleterre, l'Espagne et le Portugal acceptent les deux sexes ; Rome, au contraire, les exclut tous les deux. Ici le souverain ne relèvera que de son caprice ; là, il subit l'influence d'un conseil ; ailleurs, il y a une ou deux chambres délibérantes. Absolu ou limité, despotique ou libéral, fédéral ou égalitaire, oligarchique ou démocratique, militaire ou fédératif, le gouvernement revêt des formes diverses, selon les lieux, les temps et la fortune. Les lois varient d'autant. L'ordre n'en subsiste pas moins partout. Nous voilà bien avancés dans le choix d'un principe d'autorité et de gouvernement!

Mais vous me reprochez de courir le monde, vous qui aimez tant votre pays : je rentre en France pour n'en plus sortir, et je prends au hasard.

Vous ne prendrez certainement pas Louis XI pour un homme de désordre, non plus que ses compères, Olivier et Tristan. Qui de vous se soucie d'être décoré de l'ordre de Tristan?

Au siècle suivant, Catherine de Médicis comprit l'ordre d'une façon bien supérieure. Au nom de l'ordre, soixante-dix mille hommes furent assassinés à Paris et dans les provinces en quelques jours. Vive l'ordre! voilà de quoi vous rendre bien jaloux!

Sous Richelieu, l'ordre se relâche un peu. Il y a encore du bon cependant, grâce au type des capucins, le père Joseph, et au type des juges, Laubardemont. J'en prends à témoin les Montmorency, Marillac, Soissons, Grandier, Cinq-Mars et de Thou. Etes-vous en quête de Joseph et de Laubardemont?

Cinquante ans après, l'ordre brille dans toute

sa splendeur. Cent cinquante mille familles sont chassées de France ou dragonnées et massacrées dans les Cévennes. Quel fier homme d'ordre que ce Louis XIV ! Ah ! pourquoi sa race a-t-elle dégénéré !

L'ordre de Louis XI, de Richelieu, de Catherine et de Louis XIV se perpétue jusqu'en 1789, jusqu'à ce que, lassé d'oppressions, d'exactions, de lettres de cachet, de Bastille, de banqueroutes, de ruines, de misères, de famines, de supplices, de scandales et de corruptions, le peuple s'insurge contre cet ordre des enfers. Et comment se nomment, dans votre langue, les représentants du peuple en 1789 ? *Des factieux.*

Et, par contre, de quel nom se décorent les partisans de la banqueroute, de la famine, etc. ? Du vôtre, messieurs : *Parti de l'ordre, amis de l'ordre.* Lisez les écrits du temps. Vous n'avez rien inventé.

C'est le *parti de l'ordre* qui insurge Lyon, Toulon, Bordeaux et la Vendée.

C'est le *parti de l'ordre* qui accueille les Prussiens en Champagne.

C'est le *parti de l'ordre* qui attaque la Convention au 13 vendémiaire et qui se fait recevoir à boulets portants par le général Bonaparte.

C'est le même *parti de l'ordre* qui triomphe

sous l'Empire. Et quel ordre ! Tribune et presse, tout est muet. Sinnamary et les prisons d'Etat rendent raison de tout.

En 1814, ce sont les Cosaques qui ramènent l'ordre. Le *parti de l'ordre* applaudit à la Charte octroyée.

Au 20 mars 1815, le *parti de l'ordre* met la Charte au cabinet pour proclamer l'acte additionnel.

Trois mois après, le *parti de l'ordre* reproclame la susdite Charte, amendée toutefois par la censure et les cours prévôtales.

Au 26 juillet 1830, le *parti de l'ordre* signe les ordonnances qui remettent la même Charte au pilon.

Quinze jours après, le *parti de l'ordre* acclame une nouvelle Charte et un nouveau roi.

Le 24 février 1848, au matin, le *parti de l'ordre* recouvre tout son éclat et jure de mourir au pied du trône pour la défense de l'ordre et des lois.

Le 24 février, au soir, cet éternel *parti de l'ordre* décerne des palmes et des récompenses aux combattants républicains blessés pour la défense de l'ordre et des lois.

Au 4 mai, le *parti de l'ordre* proclame la République.

Au 15 mai, la République honnête.

Au 23 juin, la République honnête et modérée.

Au 10 décembre, un équivoque.

Au 28 mai 1849, une énigme.

Au 14 juillet 1851, tout ce qu'on voudra, excepté la République.

De grâce, messieurs, ayez pitié des pauvres gens! Vous n'avez pas changé, je veux le croire : pleutre ou insolent, Moron est toujours Moron. Mais de tant d'ordres divers qui ne sauraient se concilier, il en est un, à coup sûr, qui mérite vos préférences, lequel?

— L'ordre..... l'ordre.... l'ordre....

Oh! j'y jette mon bonnet, comme fit Panurge au nez des docteurs Hyppothadée, Rondibilis et Trouillogan. « On tirerait plutôt un « pet d'un âne mort qu'une bonne raison de « philosophes comme ceux-ci. »

Mais le parti de l'ordre est immortel comme Trouillogan.

Nous le retrouverons sous un autre nom. Fussions-nous plus heureux!

« Gens de bien, honnêtes gens, où êtes-« vous? s'écriait Rabelais en belle humeur. « je ne vous vois pas. Attendez que je chausse « mes lunettes. »

De nos jours, Rabelais n'aurait que faire de ses lunettes. Les honnêtes gens font assez de bruit, ils s'affichent assez dans leurs discours, dans leurs journaux et sur les murailles pour être découverts à l'œil nu.

Si l'honnêteté consiste uniquement à n'être pas surpris à se tromper de poche, je demande un brevet d'honnête homme pour quiconque a su diriger sa barque sans accrocher les articles 219 et 405 du Code pénal.

A ce compte nous serons nombreux. Mais les gens habiles ont inventé, pour leur usage, une espèce d'honnêteté toute particulière. Escobar avait aussi sa morale. Et la morale de nos honnêtes gens diffère peu de celle d'Escobar.

De même qu'il n'y a en Europe qu'un seul parti de l'ordre, il ne saurait y avoir qu'un seul *parti des honnêtes gens*. Les rois en sont les chefs. A tout seigneur tout honneur. Nos matadors, qui se donnent de si grands airs, ne sont hélas ! que de pauvres diables d'honnêtes gens en sous-ordre ; chez nous, et vus de près, ils imposent ; à l'étranger, et vus de loin, ils font pitié.

Le chef suprême de la sainte ligue des honnêtes gens, c'est le czar. Seul, le pape de

Rome aurait pu disputer cet honneur au pape de Saint-Pétersbourg, sa conduite depuis trois ans lui donnant des droits. Mais il lui manquera toujours le droit des droits, le droit canon. Qu'il s'incline !

Le czar n'est connu que par des coups de maître ! Le lendemain de Février, devant l'attitude solennelle du peuple français, le czar s'exprimait ainsi dans ses manifestes : « Pas « plus en Allemagne qu'en France, la Russie « ne veut s'ingérer dans les changements qui « ont eu lieu ou qui pourraient survenir en- « core dans la nature du gouvernement. Elle « se maintiendra dans une stricte neutralité, « spectatrice des événements ; inoffensive, mais « vigilante, etc., etc. »

La Russie neutre ! spectatrice ! inoffensive ! Était-ce la devise des cent cinquante bataillons russes qui écrasèrent la Hongrie en 1849, et livrèrent les vaincus aux bourreaux autrichiens ?

Crierez-vous à la perfidie ? Eh ! puisque le pape de Rome relève d'un serment prêté, je ne vois pas pourquoi le czar, qui est pape aussi, ne se relèverait pas lui-même de ses propres engagements.

Et le plus coupable s'il vous plaît ? O honte !

honte sur Rome et son Église ! la Hongrie qui fut autrefois le boulevard de la chrétienté contre les infidèles ! la Hongrie qui versa par torrents le plus pur de son sang à Nicopolis ! la Hongrie devant qui se rua, se cabra et s'abattit le cheval de Mahomet qui devait manger l'avoine sur l'autel de Saint-Pierre ! la Hongrie qui, réunie aux Polonais de Jean Sobieski, délivra Vienne assiégée et sauva la catholicité ! la Hongrie catholique, égorgée par des hérétiques sans qu'il parte de Rome une protestation, un soupir, un regret, une larme, pour tant de martyrs ! Et les fils de ces illustres sauveurs de Rome, Kossuth, Bem, Dembinski, sans refuge dans la chrétienté, traqués de toutes parts, mendiant un asile chez le Turc, au foyer de cet ennemi que leurs pères combattirent ! La terre infidèle seule hospitalière aux chrétiens ! un empire faible et démembré risquant une guerre pour maintenir dans son intégrité ce noble droit d'asile dont Rome autrefois fut si fière ! Et vous dites que vous croyez en Dieu ! Non, non ; bien que vous l'invoquiez chaque jour, vous n'oseriez voir Dieu face à face : vous êtes maudits !

Il y a cinq ans, lorsque le bourreau de la Pologne n'avait encore qu'un seul crime sur la conscience, M. de Montalembert l'appelait un *monstre couronné*. Mais les crimes s'absolvent les uns par les autres. Au second, le czar est devenu l'*espoir du parti de l'ordre*. Après la Pologne et la Hongrie, vienne la France! M. de Montalembert baisera les bottes du czar et l'appellera le *sauveur des honnêtes gens*. La mule du pape aurait sa préférence , je le sais, mais pourquoi le pape n'a-t-il pas de canons?

Depuis l'attitude prise par le czar dans les affaires de l'Allemagne et de la Hongrie, les autres souverains de l'Europe ne sont guère que des préfets à ses ordres. Néanmoins ils figurent assez bien sur le catalogue des honnêtes gens. Lorsque leurs trônes s'ébranlèrent, ils jurèrent des constitutions. Leurs trônes se raffermissent-ils, c'est à qui déchirera le premier les constitutions jurées. Le roi de Naples fait mieux, il envoie aux galères ses ministres constitutionnels. Je suis étonné que M. Victor Cousin ne s'autorise pas de ces exemples pour nous vanter, comme il le fait chaque jour, la sincérité du gouvernement représentatif!

Ces pauvres rois, ils seront *tous noyés*, disait en 1847, dans une de ses dernières chansons, notre illustre poëte Béranger. L'oracle aura raison cette fois comme toujours, je l'espère bien. Mais peut-être Béranger n'avait-il pas prévu des Cousin, des Barrot, et des peuples assez sots pour prêter aux rois, pendant le déluge, des nageoires sous forme de constitutions. Les rois en ont usé pour rattraper les unes après les autres les planches éparses de leurs trônes, et les voilà de nouveau sur la rive, le blasphème à la bouche, jusqu'à ce qu'une marée plus haute que celle de 1848 les engloutisse tout à fait.

Les honnêtes gens de chez nous en sont réduits à n'applaudir que de loin aux triomphes des Nicolas, des Ferdinand, des Frédéric, des Haynau et des Radetzki. Là-bas on fouette les femmes par respect pour la pudeur; on exécute les maris sans jugement par honneur pour la religion; puis on confisque les biens par amour de la famille et de la propriété. Mais ici, dans ce pays perdu, abruti, corrompu par la liberté, la science et la philosophie, que peut-on faire? Imiter de loin, triste rôle! Saccager des imprimeries, retirer des brevets, fermer des établissements publics, intenter procès sur procès, démoraliser les écrivains par la prison, et les ruiner par les amendes, dépouiller par milliers d'humbles fonctionnaires de leurs emplois, et jeter leurs familles à la mendicité;

tenir six départements en état de siége pour donner aux autres un avant-goût des douceurs du régime qu'on leur prépare ! misères ! misères ! La France est encore loin d'avoir repris son rang parmi les nations modèles qui font la gloire de la civilisation !

Et dire que cette brute de peuple a eu la malheureuse idée d'abattre, avec le trône, l'échafaud qui lui servait d'arc-boutant ! Pas un bulletin de victoire à échanger, en sus des grands cordons de la Légion d'honneur, contre les bulletins de Radetzky ! N'avoir d'autres ressources que la déportation, Nouka-Hiva, la guillotine sèche, comme l'a si bien dit notre ami Pierre Leroux ! Les amis de M. de Polignac n'obtenant même pas de l'Assemblée cette douce peine, cette peine de faveur pour Guinard, pour Guinard qui, en 1830, risqua sa tête pour sauver celle de M. de Polignac ! Oh ! je comprends les cris de fureur que poussèrent les honnêtes gens lorsque cette belle proie leur échappa.

Il reste bien au parti des honnêtes gens l'insulte et la calomnie pour décharger le trop-plein de son cœur indigné. Quand on a la parole, seul et partout, dans l'Assemblée, dans les comices et dans les banquets ; lorsqu'on réunit jusqu'à 500,000 fr. par souscription pour organiser une propagande honnête et modérée ; quand on a de quoi acheter journaux et écrivains, *la toile et l'animal pendant au bout ;* lorsqu'enfin les parquets de la République n'ont pas plus d'œil pour voir à droite que M. Dupin n'a d'oreille pour y entendre ; la partie est belle, et bien sot qui se ferait faute d'insulter à son aise ! *Malheur aux vaincus !* N'est-ce pas la devise de la vieille chevalerie française ? L'Évangile lui-même ne recommande-t-il pas d'écraser la *mèche qui fume encore ?* Mais hélas ! à l'exemple de M. Michel (de Bourges), les républicains ont fini par s'endurcir à l'injure ; et, quand à la calomnie, c'est une arme qui demande des mains exercées. A faible dose, le poison tue ; à haute dose, il ne provoque que des vomissements. C'est ce que l'école de Basile n'avait pas prévu.

Oui, vous aurez beau répéter que Dieu se venge de la République en nous inondant de quatre années d'abondance ; que si le blé et le vin ne se vendent pas, c'est la faute de la République ; que si le hareng ne donne pas cette année, c'est encore, et bien plus, la faute de la République ; vous ajouterez que nous sommes en conspiration permanente contre la République, et que nous complotons de mettre le feu à toutes les rivières; vous le prouverez comme au 29 janvier par les artilleurs de Strasbourg et les revendeuses de Perpignan; vous transformerez en républicains tous les voleurs, tous les mendiants, tous les malfaiteurs; vous y comprendrez même les Teste, les Cubières, les Praslin, les Gudin, les prince de Bergue, tous les ministres prévaricateurs, les pairs de France assassins, les aides de camp filoutant au jeu, etc., tous gens qui n'étaient, bien certainement, que des socialistes déguisés; vous répéterez cela honnêtement, sur tous les tons, par toutes vos bouches de chair ou de bronze que personne ne vous croira plus. Cela est usé, parce que vous en avez abusé.

Croyez-moi, exercez votre honnêteté ailleurs, vengez-vous sur la misère et sur les deniers publics.

Dans ce pays de France, où le plomb est brave et l'or poltron, dans une société si bien constituée qu'à la moindre alerte politique ou commerciale, les capitaux s'évanouissent, prouvez à l'ouvrier, c'est si commode, prouvez-lui, quand l'atelier se ferme, qu'il est un fainéant. Quand les denrées baissent de prix par la force des choses, prouvez au fermier que c'est la République, et non pas le prix trop élevé de son bail qui le ruine ; aux campagnes rongées par l'usure, démontrez par A + B que c'est la République qui a engendré l'usure. La République, ayant pris les affaires, au 24 février, avec 1 milliard de dette flottante et 4 milliards de dette fixe, affirmez hautement que la République avait créé elle-même toutes ces dettes et englouti avec les millions des caisses d'épargne les réserves de l'amortissement. Il se trouvera peut-être encore des pauvres gens à Perpignan pour me redemander leurs économies. La République s'étant faite la liquidatrice bénévole d'une monarchie en faillite, mettez sur le compte du liquidateur cette faillite, que vous appellerez même banqueroute : les gros mots sont les meilleurs. Vous réussirez mieux sur ce terrain. Si habileté est mère de hâblerie, ignorance est mère de crédulité.

Je conviendrai volontiers que depuis que les honnêtes gens ont repris le gouvernail les finances de l'Etat se sont relevées, et que jamais plus sévère économie ne fut apportée dans les deniers publics. Demandons-nous, par exemple, nous autres, quelques centaines de mille francs soit pour encourager l'instruction, l'agriculture ou les associations commerciales, soit pour créer, dans un hangar, une bourse des travailleurs en face du palais de marbre de l'agiotage, on nous répond toujours avec la chanson,

> On nous répond : Dieu nous afflige,
> Nous sommes pauvres, mon cher fils !

Mais faut-il cent fois autant, faut-il soixante millions pour restaurer un pape, nous sommes riches, voilà !

Quatre-vingts millions pris sou à sou dans les chaumières pour restaurer les palais des évêques ! nous sommes riches, on les votera.

Quarante mille hommes de plus pour intervenir entre la Prusse et l'Autriche qui se moquent de nous et s'entendent le mieux du monde. Nous sommes riches, on les appellera sous les drapeaux.

Pensions aux blessés de Février ! nous sommes pauvres, *zéro !* Pensions de *douze mille francs* à d'anciens pairs de France, nous sommes riches, votez !

Secours aux veuves des combattants, nous sommes pauvres, *zéro !* Douaire de *trois cent mille francs* à une pauvre veuve délaissée par une famille riche à millions et millions, nous sommes riches, votez !

Et ces pauvres préfets destitués en Février, les oublierez-vous? Ils sont infirmes, aveugles, hors de service. Hélas ! qui en douterait? voilà les certificats, votez; et l'on vote. Mais tout à coup, ne sais comment, voilà mes infirmes plus gaillards que jamais. Ils reprennent leurs postes. Clopin Trouillefou a retrouvé ses jambes. On dirait que les préfets de M. Léon Faucher ont passé par la cour des miracles!

Question : MM. les préfets cumulent-ils leurs pensions d'infirmes et leurs traitements d'activité?

Oh ! oui, nous sommes impitoyables sur les économies! Voyez plutôt l'interminable série des crédits supplémentaires ! La fortune de la France est en bonne mains !

Ainsi :

Les chemins de fer, les trésors de l'avenir, n'étaient concédés que pour une durée moyenne de cinquante ans. C'était déjà joli. Et voilà qu'on se met sur le pied d'étendre les concessions à quatre-vingt-dix-neuf ans. On aliène pour un siècle les sources de la richesse publique!

Mais, par contre, les canaux baissant de valeur, l'Etat va racheter les canaux. Vienne une invention supérieure, et l'Etat rachètera les chemins de fer hors de service. C'est la politique des honnêtes gens.

Je tire au plus court, je résume ce parallèle.

J'ai vu, d'une part, un peuple irrésistible dans son élan, grand dans la victoire, patient dans l'oppression, confiant dans son droit, inébranlable dans ses convictions, opiniâtre au travail, courbant la tête comme Atlas, mais ne succombant point sous le fardeau du monde.

Je vois, de l'autre, quelques intrigants, vieux chefs de vieux clans, vieux débris des vieilles monarchies, plats dans la défaite, insolents dans la prospérité, sans autre morale que l'habileté, sans autre Dieu que le succès, empruntant tous les langages, imitant tous les accents, revêtant tous les uniformes pour ressaisir une domination et des priviléges à jamais anéantis.

Viennent maintenant les grandes assises de 1852; et que Dieu prononce!

## XXII

### La révision.

La Constitution sera-t-elle abolie sous prétexte de révision ?

Pour quels motifs ?

Par quels moyens ?

Dans quel but ?

Telles sont les questions qui vont être soumises au jury national.

On peut évaluer, sans exagération, à mille ou douze cents les discours, et à dix ou douze mille les articles de journaux qui ont déjà traité ce grave sujet. En sommes-nous plus avancés ? Non. La question est-elle si bien étudiée qu'il ne reste plus aucun doute dans les esprits? Non. Aussi me soucié-je assez peu d'ajouter quelques pages de plus aux deux ou trois cents volumes qui composent la collection révisionniste. Fort de mes convictions, confiant dans mes prévisions, certain d'ailleurs de l'appui de mes commettants, je pourrais me borner à cette conclusion, qui restera la seule vraie :

NON, LA CONSTITUTION NE SERA PAS RÉVISÉE.

Mais il y a encore des opinions flottantes, il faut discuter, je le veux bien.

« La France meurt de sa Constitution. La « France étouffe dans les liens qui l'étreignent. « L'avenir n'est pas assuré ; la stabilité n'est « pas garantie. Nous vivons au jour le jour. « Nous sommes suspendus sur un abîme. Dans « le temps, on disait : Nous dansons sur un « volcan, etc., etc. » Ce sont là les refrains qui nous réveillent tous les matins depuis six mois, aussi invariables et aussi amusants que les refrains de l'orgue de Barbarie. A quoi je réponds, sans refrains et sans phrases :

Si la France pouvait mourir d'une constitution quelconque, nos pères en auraient depuis longtemps mené le deuil. Des constitutions ! mais la France en a enterré déjà neuf en un demi-siècle seulement. Nous sommes à la dixième, et le siècle ne s'achèvera certainement pas sans nous mener à la douzaine. Vous voyez donc bien que, loin de mourir de ses chartes et de s'en faire un linceul, la France ne s'en sert que comme de vêtements passagers qu'elle jette au rebut dès qu'ils ne sont plus à sa taille. Abstraction faite de tout droit philosophique, la question peut donc se ramener à ces termes : La Constitution actuelle répond-elle aux mœurs et aux besoins actuels d'un peuple en pleine possession de sa souveraineté ?

*La France étouffe.... elle manque d'air....* — La métaphore me plaît assez lorsqu'elle ne dégénère pas en niaiserie. Que voulez-vous dire ? Où donc voyez-vous ce cercle de fer qui nous étrangle ? Dans le suffrage universel ? c'est-à-dire dans la forme la plus ample, la plus vaste, la plus mobile, la plus élastique, que puisse revêtir l'autorité sociale ! Et vous croyez que la France respirerait plus à l'aise sous l'autorité de quelques-uns ou d'un seul ! Soumise aux caprices d'un idiot, d'un maniaque ou d'un fou, la France serait libre, tandis que, relevant désormais de sa raison seule, manifestée par la raison de tous, la France est esclave ! Mais alors, et pour être conséquent, il faut ajouter qu'on étouffe en plein air, et qu'on respire sous une machine pneumatique! Le nègre est libre sous le fouet du maître, et le maître est esclave de sa propre volonté ? Je ne puis répondre sérieusement à ce qui n'est pas sérieux.

*La stabilité n'est pas garantie?* — Ah ! sur ce point je m'incline. Je conviens que la Constitution ne garantit nullement au joueur de Bourse des gains assurés, au commerçant honnête des bénéfices certains, au fabricant le placement de ses produits, à l'ouvrier son travail, au pouvoir le renouvellement de son bail, au propriétaire le payement de ses fermages, au médecin sa clientèle, à l'écrivain sa vogue, pas plus qu'au représentant du peuple un nouveau mandat. Mais veuillez me dire où vous placez la stabilité ! Dans les hommes ou dans les choses? Dans le fonctionnaire ou dans la fonction? Dans les organes qui passent ou dans les institutions qui restent? Toute la distinction est là, et vous ne passerez pas outre sans vous prononcer.

Que l'empire de lois se perpétue sans interrègne; qu'à une assemblée législative succède une autre assemblée sans intermittence ; qu'à l'expiration de son mandat un président de République remette le gouvernail à son successeur; qu'un siége de magistrature ne reste jamais vacant; qu'il en soit enfin de la nation comme d'une simple commune où le pouvoir municipal ne chôme jamais, ou d'un régiment dont les éléments se renouvellent autour du drapeau et sous le numéro qui en représente l'immuable unité, telle est la stabilité que je comprends, et la Constitution de 1848 y a surabondamment pourvu. Où donc voyez-vous une solution de continuité? Où donc l'abîme? Où donc le volcan?

De mes sept cent quarante-neuf collègues en législation, je n'en sache pas un seul qui se dispose à siéger une seule minute sans nouveau mandat, au delà de ses trois ans expirés. Craignez-vous cependant que faute de moines l'abbaye vienne à chômer? Laissez donc! les candidats ne feront pas faute aux suffrages du peuple. Il n'y aura que trop de marge. Vieux Gaulois que nous sommes, nous ne redoutons pas plus les vacances du pouvoir législatif que la chute des cieux!

Mais l'Assemblée future pourra ne ressembler en rien à l'Assemblée actuelle? Vraiment, je l'espère un peu, et je ne m'en désolerai pas.

Mais c'est qu'alors l'opinion publique se sera modifiée ; et c'est précisément dans cette mobilité du pouvoir souverain que consiste le principal mérite de notre Constitution. Avec des assemblées qui se renouvellent périodiquement à de courts intervalles, vous êtes certains de posséder toujours l'expression vraie, le reflet fidèle de la pensée publique, pourvu toutefois que le télégraphe ne se mette plus de la partie. Aimeriez-vous mieux gouverner contre le vent de l'opinion ? Cela s'est vu. La Chambre des députés de 1847 représentait la France comme je représente la Chine. Oui, mais vous n'oubliez pas qu'elle a chaviré.

Attribuerez-vous une importance supérieure à cette autre fonction qui, ramenée à ses vraies limites, se réduisait à l'exécution pure et simple des décrets de l'Assemblée? Soit : je ne discute pas sur le plus ou le moins, j'ai peu de goût pour les subtilités. Mais craindriez-vous, par hasard, de manquer de candidats à la présidence de la République? Eh! la succession ne s'ouvrira que dans six mois, et déjà les héritiers abondent. Il nous en vient même d'outre-Manche. Il n'est pas jusqu'à M. de Larochejaquelein, qui, après avoir voté, en 1848, pour Abd-el-Kader, ne se laisse mettre lui-même aujourd'hui sur les rangs au préjudice de son ancien candidat! Laissez : au président actuel succédera, au mois de mai prochain, un président nouveau, puis un troisième, et le reste. Il en sera comme aux États-Unis d'Amérique, où on ne les compte plus. Là-bas, une élection présidentielle agite à peine la surface de l'onde. Les fonds publics ne haussent ni ne baissent. Il ne s'en expédie pas une balle de coton de moins. Une banqueroute importante à New-York y causerait plus d'émoi que la mort du président des États-Unis. Pourquoi donc n'arriverions-nous pas à ce degré de salutaire indifférence, qui place la stabilité dans la perpétuité de la fonction, et non dans les dépositaires passagers du pouvoir?

Qu'il est triste de faire la guerre aux mots! Mais puisque c'est avec des mots qu'on mène le monde, résignons-nous. Je me suis attaqué au mot d'*ordre,* je m'en prends aujourd'hui au mot de *stabilité*, tout aussi creux, tout aussi vide, et je veux qu'il éclate comme une bulle de savon.

Des faits d'abord. Et je n'irai point puiser au delà de l'histoire contemporaine. Voyons la stabilité que nous a donnée la monarchie.

Des quatre derniers rois de France, pas un

seul n'a laissé la couronne à ses descendants.

Louis XVI avait un fils. Est-ce que le fils de Louis XVI a succédé à son père ?

Napoléon avait un fils, en faveur duquel il abdiqua. Est-ce que la Chambre législative de 1815 proclama Napoléon II?

Charles X avait un petit-fils, fort innocent assurément des ordonnances du 26 juillet Où donc règne-t-il, ce royal jeune homme, depuis vingt ans passés ?

Louis-Philippe abdique à son tour. Qui donc a recueilli la succession de Louis-Philippe?

Pauvres héritiers ! L'un s'étiole et meurt dans la prison du Temple ! L'autre, pâle rayon du soleil d'Austerlitz, va s'éteindre lentement dans l'atmosphère délétère d'une cour autrichienne. Je conseille aux deux survivants de vendre leurs droits d'aînesse pour un plat de lentilles, s'ils trouvent quelque juif pour les acheter.

Et les pères ont-ils donc été si heureux? Louis XVI meurt sur un échafaud. Napoléon au carcan de Saint-Hélène, après une première chute à l'île d'Elbe. Louis XVIII, Charles X et Louis-Philippe sont bannis tour à tour. Des rois de France ! On en trouve sur toutes les routes de l'Europe. Ils résident partout, excepté à Paris. La couronne loge à l'auberge. Coblentz, Cologne, Prague, Venise, Mittaw, Hartwell, Gand, Holy-Rood, Goritz, Belgrave-Square, Wiesbaden, Froshdorff et Claremont, tels sont les Versailles du dix-neuvième siècle. Nos rois pourraient à eux seuls mener un nouveau carnaval de Venise. Eh! ma foi, à votre place, j'offrirais la couronne au Juif-Errant!

La voilà dans son beau jour cette stabilité qu'on nous prône tant! Certes, nous ne la payerons pas trop cher au prix du bouleversement le plus effroyable qui ait jamais ébranlé les bases d'une société! Donc, à bas la République! foin de la souveraineté du peuple! fi du suffrage universel! vive le roi! Mais au moins lequel? Faites-nous la grâce de vous décider? Or ou chrysocale, diamant ou verroterie, rapportez-nous de vos voyages une couronne quelconque. Ne vous traitez pas réciproquement de bijoutiers en faux. La concurrence fait tort à votre commerce et profite peu à votre réputation. Nous vous payerons sans marchander vos frais de courtage, à vue et contre livraison. Êtes-vous prêts?

- Oui! dites-vous.

Accepté. Aînés et cadets s'embrassent; on lave son linge sale en famille. Au feu l'histoire de l'espagnolette! Au feu la fameuse cravate de Saint-Leu ! Au feu le procès-verbal des couches de Blaye! M. Thiers lui-même baise la main immaculée de la Vierge-mère. Tableau de famille béni par Bilboquet; excusez-moi, je voulais dire par M. Molé, qui s'évanouit d'attendrissement. Au résumé, quatrième ou cinquième restauration. Nous voilà plus stables que jamais!

Deux mots, toutefois :

Octroierez-vous une nouvelle Charte à ce pauvre peuple souverain? Ce serait bien gracieux à vous. Et cependant je ne vous le conseille pas. Des mille raisons que je pourrais vous donner, je m'en tiens à celle-ci, qui en vaut mille: On ne vous croirait point. De toute la Bible, le peuple français n'a retenu qu'une seule maxime : *Nolite confidere in principibus* : Ne vous fiez pas aux princes. Vous conviendrez que l'exemple de Charles X, corroboré dix fois depuis 1848 par tous les princes constitutionnels de l'Europe, n'est pas des plus encourageants.

Une Charte! une Chambre! deux Chambres! un suffrage quelconque ! le gouvernement de l'opinion ! Y pensez-vous? mais, alors, votre roi, s'il est sincère, devient... je ne dirai pas un cochon à l'engrais, ces expressions brutales ne vont bien qu'à ce mal appris de Napoléon... mais la marionnette du jeu d'orgue qui amuse les enfants. Et s'il n'est pas sincère, qu'arrivera-t-il? Une simple élection de députés faite dans un sens contraire au gouvernement renverse toute votre stabilité. Le roi dissout les Chambres. Le peuple les lui renvoie. Le roi cède-t-il : il s'avilit. Reste-t-il : on se bat. Je le savais bien.

Finissons-en, une fois pour toutes, avec un système qui ne mérite plus les honneurs de la controverse. Les arguments que je vais invoquer ne datent pas d'hier, mais ils n'en sont que plus solides, puisqu'ils ont reçu la sanction de l'expérience. Je les ai déjà produits; je n'hésite pas à les répéter. La raison ne vieillit jamais. Ecoutez M. de Lamartine en 1847 :

« Les divisions prétendues du pouvoir sont « toujours *des fictions*. Le pouvoir n'est jamais « divisé réellement; il est toujours ici ou là, « en réalité et tout entier; *il n'est pas divi-« sible*... S'il y a une Chambre et un roi (ou « un président), il est au roi ou à la Chambre; « au roi, s'il subjugue l'Assemblée par la « force, ou s'il l'achète par la corruption; à la

« Chambre, si elle agite l'esprit public et in-
« timide la cour et l'armée par l'influence de
« la parole et la supériorité de l'opinion. *Ceux*
« *qui ne voient pas cela se payent de mots vides.*
« Dans cette soi-disant balance du pouvoir,
« il y a toujours un poids qui l'emporte : *l'é-*
« *quilibre est une chimère*, etc., etc. »

A quoi j'ajoutais moi-même, il y a deux ans :

« Tous ces grands mots de monarchie con-
« stitutionnelle, d'équilibre et de pondération
« des pouvoirs, ne sont que piperies à l'usage
« des habiles, et pâture pour les niais. Un roi
« qui tire à dia, des Chambres qui tirent à
« hurhaur; un roi qui pond des pairs; des
« ministres qui tiennent boutique de man-
« teaux brodés, tandis que les élections de-
« viennent une foire aux consciences; des ti-
« raillements perpétuels entre les prérogatives
« royales et parlementaires; une politique en
« partie double, disant blanc dans les notes
« secrètes, et noir à la tribune; le mensonge
« partout enfin : ce n'est pas autre chose que
« l'anarchie et la corruption organisées. L'é-
« quilibre ne se maintient, des quinze ou dix-

« huit années durant, que par des tours de « force à humilier un Auriol. Suivez le jeu de « la bascule constitutionnelle, c'est de l'his- « toire : si la Chambre tient bon de son bout, « et que le peuple y ajoute l'appoint de quel- « ques pavés, le roi, soulevé, glisse et tombe « à Cherbourg. C'est la catastrophe monar- « chique du 29 juillet. Si, au contraire, le roi, « mieux avisé, achète et fait passer de son côté « la majorité de la Chambre, afin de rétablir « l'équilibre à son profit ; le peuple, qui voit « la manœuvre, siffle, gronde, s'indigne, in- « tervient, et, du bout de son pied, ren- « verse, culbute à la fois monarque, Chambres « et bascule. C'est la catastrophe constitution- « nelle du 24 février.

« Grands équilibristes, grands enfants, vos « chartes de 1814 et de 1830 n'ont jamais été « plus solides qu'une pile de dominos sur « champ ! »

Je n'écrivais pas ces vérités pour le roi de Prusse. Et cependant le roi de Prusse semble en avoir profité. La bascule, il l'a brisée lui-même, le jeu lui paraissait trop dangereux. Et tous les rois d'en faire autant ; ils sont logiques, quand donc les peuples le seront-ils?

Pour prendre pied sur un terrain solide, les royalistes sont contraints de remonter jusqu'au delà de 1789. Un roi, des sujets ; un roi absolu, des sujets soumis et muets ; un maître, des troupeaux ; un trône avec l'échafaud pour piédestal. C'est la doctrine de M. de Maistre, le seul parmi vous qui ait fait preuve de bon sens. Et n'allez pas transiger sur les conséquences, sinon vous êtes perdus. Au monarque héréditaire, il faut des soutiens héréditaires, une noblesse héréditaire, une pairie héréditaire, une magistrature héréditaire, un clergé grand propriétaire, etc., etc.; ce sont les conditions inexorables de votre stabilité. Et, comme il est aussi facile de reconstituer toutes ces choses que de faire rentrer le vieillard dans le sein de sa mère, nous voilà fixés pour longtemps sur les destinées de la monarchie dans notre pays.

Seule la République est stable, seule elle vivra. Le secret de sa force, on vous l'a dit : « *C'est que la République n'est pas un gouvernement qui émigre au jour du danger.* » Et le général Lamoricière avait qualité pour s'exprimer ainsi. Mieux que personne il sait à quelle épouvantable secousse a résisté la République naissante. Comparez donc la tempête de Juin au coup de vent de Février, puis concluez !

Que voulez-vous donc réviser ? Est-ce simplement l'art. 45 de la Constitution qui s'oppose à la rééligibilité immédiate du président ? L'utilité d'une telle révision, je la comprends pour certains intérêts personnels, mais pour la France, nullement. J'ajouterai même, avec l'autorité de M. Dufaure, que ce serait là une mesure déplorable. Nous n'y gagnerions rien en stabilité. Nous y perdrions tout en moralité. Un président rééligible (et je ne fais allusion à personne) pourrait fort bien ne se préoccuper, dès son entrée aux affaires, que d'une seule pensée : préparer sa réélection, *per fas et nefas* ; et les intérêts du pays en souffriraient d'autant. Il est bien que la loi impose un frein aux ambitions. Nous n'avons pas été élevés à si bonne école depuis vingt ans, qu'il faille laisser ainsi le champ libre aux calculs de l'égoïsme. Au surplus, je suis profondément humilié pour mon pays de tout le bruit que fait une question qui l'intéresse si peu.

Et, lors même que vous prolongeriez de cinq ou de dix ans les pouvoirs de M. Louis Bonaparte ! je suppose qu'une violation aussi flagrante de notre droit public s'accomplisse haut la main sans résistance, je voudrais bien savoir en quoi l'avenir serait mieux garanti! Est-ce que les deux pouvoirs rivaux s'accorderont mieux que par le passé? est-ce que les vieux partis s'agiteront moins? est-ce qu'il y aura moins de revues de Satory, moins de sociétés de *Saint-Vincent-de-Paul*, moins de complots contre la République? M. Louis Bonaparte se recommande-t-il à vos yeux par un mérite hors ligne? vous ne le dites pas sérieusement. Je suis plus poli que vous, je ne ris pas. Mais dans cette hypothèse, ce n'est ni cinq ans, ni dix ans, c'est une longévité de Mathusalem, c'est l'immortalité qu'il faut lui décréter, sans quoi nous restons *suspendus sur l'abîme*, comme vous dites, par le fil d'une existence si précieuse. Ou bien, la vertu de M. Bonaparte résiderait-elle toute dans son nom, comme celle de Samson dans ses cheveux? Oh! en ce cas, rassurez-vous; le nom ne s'éteindra pas avec lui. Mais qu'il est flatteur pour la France d'être gouverné par un nom, l'ombre d'une ombre! un buste en plâtre y suffirait!

— Mais, nous dit-on, l'expérience de la République est complète. Voyez, après trois années seulement, dans quel état d'anxiété nous laisse cette Constitution que vous voulez maintenir ! Est-il un seul propriétaire, un seul commerçant, un seul ouvrier, qui soit sûr de son lendemain ? Malgré la sévérité des lois, malgré la vigueur du gouvernement, en dépit de l'union des *honnêtes gens*, les mauvaises doctrines cheminent, les passions s'allument ; il n'est pas jusqu'à nos campagnes, autrefois si paisibles, qui ne rivalisent de turbulence avec les villes. Nous marchons évidemment à un cataclysme où s'engloutiront la religion, la famille et la propriété. Or, puisque la Constitution n'oppose à la terreur qu'une digue insuffisante, n'est-il pas urgent de la réviser et de consolider les bases de l'ordre social ! —

Il y a du vrai dans ce tableau, quant aux campagnes surtout. Si Paris vous effraye, si M. de Grammont persiste dans sa proposition de changer le siége du gouvernement, je ne sais trop dans quel coin de la France il faudra se transporter pour y gouverner en sécurité. Il vous faudrait une île en l'air, une île de Laputa. Encore y craindriez-vous une invasion de socialistes en ballons. Mais je vais vous répondre par une historiette, qui, sous un côté plaisant, contient un enseignement sérieux.

Trois échevins se proposaient d'acquérir pour leur petite ville un terrain sur lequel reposait une maison que le propriétaire ne voulait pas vendre. Ils imaginèrent d'y mettre le feu, sauf à payer, en honnêtes gens, une juste indemnité. Mais il fallait parer au développement de l'incendie. Les rôles furent convenus. L'un des échevins devait allumer le feu, le second sonner le tocsin, le troisième courir aux pompes. A l'heure dite, le tocsin sonne, les pompiers endossent la bricole, la foule s'amasse. Où donc est le feu?..... Là, là, répond l'échevin aux pompes, en indiquant du doigt la maison condamnée. C'est là qu'il est ou qu'il doit être. On accourt, et que trouve-t-on? Le troisième échevin tout essoufflé à attiser un feu récalcitrant, qui s'obstinait à ne pas prendre !

Eh bien ! oui, le feu prend à la maison, et ce n'est pas votre faute s'il n'a déjà tout envahi de la cave au grenier. Mais qui donc l'attise? Courez-y, et partout vous trouverez un échevin du gouvernement et des honnêtes gens.

Comment ! chez un peuple qui a quelque sentiment de sa dignité, vous avez la prétention d'implanter le code russe ! Vous ne gouvernez qu'à coups de police ! Vous organisez dans toutes les communes un système de délation, de dénonciation et d'espionnage ! Vous proscrivez la presse! Vous proscrivez la parole! Vos arrêtés limitent le nombre des convives à un banquet de famille et le nombre des assistants à un convoi funèbre! Vous mesurez, à la sécheresse de votre cœur, nos joies et nos regrets! Vous interdisez jusqu'aux insignes traditionnels des baptêmes, des noces, des danses, et des enterrements! Vous blessez nos populations dans ce qu'elles ont de plus cher, la légende de la famille et le respect du foyer! Les élus du peuple, les représentants du peuple, vous les traquez de village en village, comme des malfaiteurs, vos agents les poursuivent, vos commissaires les arrêtent, vos gendarmes les sabrent, vos orateurs les vilipendent, vos journaux les calomnient, et le peuple sera insensible à ces avanies qui retombent directement sur lui! Et vous êtes étonnés que nos populations regimbent sous le bâton! Mais non; vous ne l'êtes pas: il y a chez vous parti pris d'agacer, d'irriter, de traquer cette bête fauve de peuple jusqu'à ce qu'elle tombe sous le feu de vos chasseurs: auquel cas vous triomphez, l'ordre est rétabli!

Comment! vous vous plaignez de l'insuffisance des lois, vous en déplorez le discrédit, et vous qui avez prêté serment de fidélité à la

Constitution, vous laissez imprimer que cette loi des lois fait *la honte*, *la ruine* et *le désespoir de la France !* Les lois ! Vous n'en tenez compte lorsqu'elles vous gênent, vous les brisez lorsqu'elles vous nuisent, et vous êtes étonnés qu'on ne les respecte pas ! Mais non, vous ne l'êtes pas : il y a chez vous parti pris de gouverner en dehors de la légalité, jusqu'à ce qu'une bonne grosse émeute vous donne occasion de déployer toutes vos forces, auquel cas vous triompherez : l'ordre sera rétabli !

Comment ! vos sermonneurs du Dix-Décembre, les coryphées de votre religion, se lamentent sur la prédominance des intérêts matériels dans notre société, et, pour nous remonter le moral, vous n'avez à nous offrir qu'une loterie de lingots d'or ! Vous allumez la cupidité dans les âmes ! Vous élevez un autel au dieu Hasard ! L'un des vôtres, M. Romieu, va jusqu'à prêcher son culte comme un moyen de gouvernement ! M. Guizot était plus honnête. Sous sa fameuse maxime, *enrichissez-vous*, il était permis de lire, *par le travail*. Mais sous la vôtre ! Et vous êtes étonnés que les sentiments du peuple s'abaissent peu à peu au niveau des vôtres ! Mais non, vous ne l'êtes pas : il y a chez vous parti pris de démoraliser l'esprit public. Changés en bœufs, les compagnons d'Ulysse étaient plus faciles à gouverner !

Les campagnes rougissent à vue d'œil ! Et que faites-vous pour les campagnes? Le budget les écrase. L'avez-vous réduit ? L'usure les ronge. Avez-vous extirpé l'usure ? Vous leur deviez des institutions de crédit, les avez-vous créées ? Nous vous avions cependant ouvert la voie. Ce sont les républicains qui ont réduit le tarif des lettres, réduit l'impôt du sel et supprimé l'impôt des boissons. Vous avez pris les choses à rebours. Pas une de vos mesures qui ne soit impopulaire. Les ouvriers de Paris avaient accordé trois mois de crédit à la République, les campagnes vous ont donné trois ans. Qu'en avez-vous fait ? Rien. Et vous dites que vous appliquez la Constitution !

L'anxiété est générale ! C'est, par ma foi, bien surprenant ! Vos trois cents orateurs, vos trois cents journaux et vos trois cent mille fonctionnaires, ne chantent que des hymnes à la peur. La République, dans leur bouche, *provisoire*, la constitution *dérisoire*, et les espérances du peuple *illusoires*. Chaque jour on remet en question les décisions de la veille. Il n'est bruit que d'intrigues, de conspirations et de coups d'État. Est-ce pour aujourd'hui?

Est-ce pour demain? Hier encore, 13 octobre, la *Gazette de France* dévoilait le plan d'un 18 brumaire qui devait éclater aujourd'hui même. Les représentants effarés accouraient à leur poste et les fonds ont baissé de 65 centimes. Sont-ce, par hasard, les républicains qui attisent le feu? Ne seraient-ce pas plutôt..... les *échevins?*

Et c'est là ce que vous nous donnez pour une expérience de la République et de la Constitution !

Sauf les accrocs faits de votre main, la Constitution est vierge encore, oui, vierge de toute application.

Vous voulez l'abolir.

Nous voulons tout simplement l'essayer. Et nous l'essayerons un jour ou l'autre, sans vous, malgré vous ou contre vous; car, tenez-le pour certain :

LA CONSTITUTION NE SERA PAS RÉVISÉE !

# XXIII

## Comment ?

Et par quels moyens la Constitution serait-elle révisée?

Il faut, au préalable, un vote de l'Assemblée législative aux trois quarts des voix. L'article 111 de la Constitution est positif. Il ne se prête à aucune interprétation.

Or, au premier vote, qui eut lieu le 19 juillet, 278 voix sur 724 décidèrent qu'il n'y avait pas lieu à réviser la Constitution. Le quart de 724 étant 181, c'est donc une majorité de 97 voix qui s'est prononcée pour le maintien de la Constitution.

Les révisionnistes seront-ils plus heureux à un second essai? Non.

Espèrent-ils un revirement de l'Assemblée? Non.

Comptent-ils sur ce qu'ils appellent la pression de l'opinion publique? Pas davantage.

Je vais plus loin.

Au premier appel, le bataillon de MM. Léon Faucher, de Broglie et Berryer comptait 446 hommes. Au second appel, il en manquait plus de cent!

Alors déjà, et lors même que l'opposition républicaine se fût abstenue, la révision ne passait pas. Les orléanistes et bon nombre de légitimistes faisaient semblant de vouloir réviser. Décocher gratuitement et sans danger une flèche à la République, ils n'avaient que ce but. Mais, au fond, ils eussent été désolés que leur proposition réussît. Les royalistes comptaient sur les républicains pour barrer la route à M. Bonaparte. Ainsi raisonnent, marchent et votent les partis.

Si M. de Joinville était président, et qu'il désirât une révision à son profit, les bonapartistes, à leur tour, se donneraient aussi des airs de révision. Mais ils n'en feraient rien. Entre gens qui se respectent et qui s'aiment, on se doit bien ces petites marques de confiance et d'amitié.

Or, deux faits nouveaux se sont produits. Les orléanistes ont un candidat qui n'est pas M. Bonaparte. MM. les légitimistes ont le leur aussi. Il va sans dire que le grand parti de l'ordre n'en est pas moins étroitement uni pour autant. Mais la comédie touche à sa fin. Je doute même que la pièce obtienne les honneurs d'une seconde représentation.

Que les enragés de l'ordre fassent grand bruit de leur quinze cent mille pétitions et des vœux de leurs quatre-vingts conseils généraux; qu'ils nous donnent cela pour le vœu unanime de la France; qu'il nous menacent, enfin, d'un coup de balai populaire ou d'un 15 mai en cravache : nous reconnaissons bien là le langage et les formes de l'honnêteté et de la modération. Mais il y a loin de la coupe aux lèvres; nous attendrons sur nos bancs M. Léon Faucher en bottes éperonnées et en cravache de chasse à la Louis XIV, pour croire à sa vaillance. M. Faucher un Brennus! mais alors M. Dupin serait un sénateur romain!

L'opinion publique! Le vœu de la France! c'est bientôt dit. Les partis ont de singulières lunettes! A travers les siennes, la vieille *Ga-*

*zette* n'a cessé d'apercevoir depuis vingt ans une France fantastique, que personne, après elle, n'a pu découvrir. L'opinion publique ! Eh ! vous décoriez déjà de ce beau nom les deux cent mille signatures ameutées contre l'Assemblée constituante ! Mais, par contre, comment traitâtes-vous les cinq cent mille pétitionnaires qui se soulevèrent spontanément, dans l'espace de quelques semaines, contre votre loi du 31 mai ? DE FACTIEUX. Mais je ne veux plus me battre ni contre les mots, ni contre les télégraphes, ni contre les moulins à vent.

Les pétitions révisionnistes ont été jugées en premier ressort par le rapport d'un conservateur, M. de Melun, et en appel par l'Assemblée elle-même. Il a été prouvé que l'impulsion partait des régions administratives ; et l'Assemblée, dans un vote mémorable, a blâmé le gouvernement de la part qu'il y avait prise. Au rebut donc cette fausse monnaie d'opinion publique fabriquée pour les besoins d'une mauvaise cause ! Qu'avez-vous de plus à nous offrir ?

Les vœux des conseils généraux ! comptons. A vingt voix environ par département, cela peut constituer quinze ou seize cents signatures à joindre, sauf double emploi, au dossier des pétitions. Avec la meilleure volonté du monde, je ne puis vous accorder rien de plus.

J'entends : c'est encore de la monnaie d'opinion publique à un autre titre et toujours à votre façon. Mais, argent ou billon, je ne l'accepte pas, et voici pourquoi :

Vos conseils, élus en 1848, devaient être renouvelés en partie cette année ; vous avez prolongé leurs pouvoirs. Qu'est-ce à dire ? C'est qu'ils ne tiennent plus leur mandat du vœu de leurs concitoyens, mais bien d'une loi qui les érige en véritables commissions départementales. Et, dès lors, quelle opinion peuvent exprimer vos conseillers généraux ? La vôtre ou la leur ; mais celle du peuple, nullement.

Fussent-ils encore en pleine possession de leurs pouvoirs primitifs que je contesterais encore leurs titres ; je n'ai pas oublié leur origine. Les conseils furent élus sous l'impression immédiate de la terreur qu'avaient jetée en France les journées de Juin. Désordre et confusion, au point de vue qui nous occupe, voilà tout ce qu'ils représentent ; mais l'opinion de leur département, calme, rassise, réfléchie, actuelle enfin, non, non, jamais, jamais !

Je prends hardiment pour type celui des

conseils généraux qui s'est prononcé le plus vivement pour la prolongation des pouvoirs de M. Bonaparte. Et je ne dirai point par quel indigne guet-apens fut éloigné de la session l'un de mes amis, que chacun tient pour un excellent républicain. Le département de Pyrénées-Orientales n'envoie à l'Assemblée que des républicains. Qui donc représente, dans sa sincérité, l'opinion des Pyrénées-Orientales ? sont-ce mes collègues et moi ? ou bien nos adversaires, membres du conseil général, qui tous ont échoué contre nous, à de longues distances, aux élections générales de 1848, comme à celles de 1849 ?

L'opinion bonapartiste dans mon pays ! En dépit du vote du conseil général, elle se réduit aux trois ou quatre mille signatures qu'y ont récoltées les agents de l'administration.

Que les vœux des conseils généraux s'en aillent donc dormir dans la poussière des archives ministérielles ! Après l'exemple que je viens de citer, j'ai bien le droit d'y jeter quelques pelletées de terre et de n'en plus parler.

En résumé :

Vœux de conseils généraux sans mandat et

pétitions dépourvues de tout cachet d'indépendance, voilà tout le bagage des révisionnistes. Ce n'est pas avec un bélier de cette force qu'on peut enfoncer les portes de la Constitution.

Non, non, la Constitution ne sera pas révisée.

# CONCLUSION.

---

Comment se denouera la situation?

Le matin, on croit le savoir; à midi, on en est aux conjectures; le soir, on n'y voit plus.

Ce matin, M. Bonaparte avait pour ministres MM. Baroche, Rouher et Faucher, auteurs et rapporteurs de la loi du 31 mai. Ce soir nous sommes sans ministres. Et c'est précisément à propos de cette même loi du 31 mai que la rupture a éclaté.

Huit jours se passent; et chaque jour voit naître et mourir quelque ministère embryonnaire. Les combinaisons les plus disparates viennent se heurter dans ces interminables conjectures. Toutes les nuances politiques s'y coudoient, depuis M. de Falloux jusqu'à M. Billaut, depuis la blancheur des lis jusqu'au rouge foncé, représenté par le droit au travail. Tout est possible, rien n'est probable. Allez donc porter un jugement sur un avenir qui se présente sous ces formes : *Qui sait? Peut-être? Par hasard....*

Si, parmi tant de choses folles, la raison pouvait avoir son jour et son heure; si les partis voulaient bien abdiquer leurs espérances factieuses et rendre un peu de repos à ce pays qui en a tant besoin; s'ils revenaient sincèrement à la République, si l'amour du bien public, si leur propre intérêt venait à leur inspirer cette sage résolution; si le suffrage universel était rétabli; si, d'autre part, M. le président de la République tenait à conserver cette réputation d'honnête homme qu'il ambitionne tant; s'il restait fidèle à son serment; s'il n'oubliait jamais ces mémorables paroles qui témoignèrent jadis de la droiture de ses intentions : *Je mettrai mon honneur à laisser, au bout de quatre ans, la liberté intacte et le pouvoir affermi entre les mains de mon successeur;* si d'imprudents amis ne poussaient plus M. Bonaparte en dehors des voies constitutionnelles; si le diable, enfin, venait lui-même à se convertir; oh! alors les choses marcheraient toutes seules. Une Assemblée nouvelle serait élue, un président nouveau installé, et la guerre civile évitée. Quelle que fût l'opinion triomphante, les minorités s'inclineraient en se réservant l'avenir, cet héritage infaillible, quoique tardif, de toutes les minorités.

La loi du 31 mai sera-t-elle abolie?

M. Louis Bonaparte se prépare-t-il à laisser la liberté intacte et le pouvoir affermi à son successeur?

Les élections, enfin, seront-elles librement faites, et le télégraphe ne s'en mêlera-t-il plus?

Que cette triple déclaration se produise; que l'Assemblée, dès sa rentrée, se montre résolue à rétablir et à maintenir le droit dans son intégrité; et la France sera pacifiée comme par enchantement.

Car c'est là la grande route, avec la Constitution pour garde-fou. Des deux côtés, à gauche comme à droite, je ne vois qu'abîmes et précipices.

Mais précisément parce que c'est la grande route, et que le simple bon sens nous conseille à tous de n'en pas dévier, je crains que les fous ne nous rejettent dans les chemins de traverse et dans les aventures.

Le suffrage universel était un flambeau. Je

crains que le suffrage restreint ne soit une torche, et une torche à tout incendier.

Criez bien haut : C'est la loi ! Force doit rester à la loi ! Je vous répondrai, par avance, que je ne connais pas de force humaine suffisante pour faire exécuter une loi repoussée par le sentiment public et condamnée par ses propres auteurs.

Quant à la candidature inconstitutionnelle, on nous répétera, comme à propos de la révision, que c'est un appel au peuple souverain (une coalition de royalistes, M. de Broglie et M. Berryer en tête se réclamant de la souveraineté du peuple) ! Eh bien ! non, répondrai-je encore pour en finir. La souveraineté du peuple n'est pas sans limites. Si elle sort de son cercle, elle vient se heurter à une autre souveraineté tout aussi précieuse et tout aussi respectable : la liberté. Il n'est souverain, peuple ou roi, qui puisse légitimement me dépouiller d'un seul de mes droits de citoyen. Les Constitutions sont des contrats passés entre une société et chacun de ses membres. Proclamer que l'être collectif ne saurait être lié par une Constitution, c'est donc proclamer en même temps que les individus sont déliés de toutes leurs obligations. Que dis-je ? avec une pareille doctrine les Constitutions sont superflues. L'omnipotence des majorités mobiles et changeantes devient la loi suprême. Ni frein, ni limites! Malheur aux minorités vaincues! Et puis, où sont les gages de cette stabilité si désirée? Vous faites un appel au peuple aujourd'hui. Je le ferai demain. Tous les ans, nous remettrons tout en question. Pourquoi pas? C'est votre principe! Oui, mais c'est aussi la Révolution en permanence et la Révolution dans le chaos!

Donc, pas de milieu, la Constitution tout entière, y compris l'article 45, ou l'anarchie : Choisissez!

Et si, ce qu'à Dieu ne plaise, vous optez pour l'anarchie, acceptez-en les conséquences et ne vous plaignez jamais. Car, cette fois, et ceci n'est pas une menace, on ne vous plaindrait plus.

FIN.

# TABLE.

Pages.

Paris. — Imprimerie SCHNEIDER, rue d'Erfurth, 1.

www.ingramcontent.com/pod-product-compliance
Ingram Content Group UK Ltd.
Pitfield, Milton Keynes, MK11 3LW, UK
UKHW051019210726
13857UKWH00006B/601